이토 히로부미에게 끌려다닌
망국의 상징 순종, 그 동상이
달성토성 앞에 세워졌다가
결국 철거되었다.
이종암 지사가
의열단 창단 자금을
조달했던 유적지는
아파트를 짓는다고
없애버렸다.
대구의 독립운동정신
계승 상태를 살펴보는
《대구 독립운동유적 120곳
답사여행 1, 2, 3》을
써서 펴내본다.

굿판 최영

둥 둥 징 징 징 ……

독립운동하다 잡혀서 고문 받다 청춘에 죽은 영혼들이여
시베리아 벌판에서 얼어 죽은 죽은 영혼들이여
북소리 징소리 듣고 마음으로 산과 바다를 스윽 스윽 건너고 넘어
오색 깃발을 향해
오소서

둥 둥 징 징 징 ……

소달구지에 실려 출옥한 독립운동가들의 영혼들이여
행방불명된 영혼들이여
애간장이 녹은 어머니들의 영혼들이여
지아비 몫까지 하다 죽은 아내들의 영혼이여 ~ 오소서
어서 오소서

왜놈들이 부숴버린 논개의 사당을 사비로 짓고
기생들에게 3·1운동의 정신을 심어주고
중국으로 건너가 최초의 여성 의열단이 되어 폭탄을 만들기도 하고
불륜녀가 되기도 한 현계옥의 영혼도
술잔을 받으소서

독립운동하다 죽은 영혼들 위한 굿판이 열린다는 소문 듣고 구경 온
동학농민전쟁 때 죽은 영혼들이여
6·25 때 죽은 영혼들이여
10월항쟁 이후 학살된 민간인 영혼들이여 받으소서 술을~ 둥 둥 징 징
영혼들이여……
부처도 예수도 와 있는
다시는 없을 굿판에서 나라를 위해 싸우던 그 정신과 힘으로
어떤 꽃으로든 피어나서
예쁨만
받으소서

일장기 말소 의거를 일으켰다가
많은 것을 빼앗기고 죽었지만 문학관도 없고
무덤도 없고 뼈도 없이 떠도는 현진건의 영혼이여
시의 언어로 환생해서 억울함을
말하소서

좋~ 다~ 둥 둥 둥 둥 둥
징징징 징 징 ……
…… …… ……

대구 독립운동유적 120곳 답사여행 3
중구·군위군 편

"1910년대에 가장 활발하게 활동한 독립운동 단체는 광복회였다(제5차 교육과정 국정 고등학교 국사 교과서)." – 광복회는 1915년 8월25일 대구 달성토성에서 결성되었다. 하지만 달성토성에는 광복회에 관한 안내판 하나 없다. 2018년 8월25일 달성토성에서는 역사상 최초로 광복회 결성 기념 행사가 열렸다. 매년 8월25일이면 행사는 또 열리는데….

책을 펴내며

　제5차 교육과정 국정 고등학교 국사 교과서는 "1910년대에 가장 활발하게 활동한 독립운동단체는 광복회"라고 소개했습니다. 1910년대 초는 망국의 충격과 일제의 무단통치에 짓눌려 독립운동을 시도할 마음조차 제대로 내지 못한 실의와 좌절의 한때였습니다. 그같은 엄혹한 시기에 광복회는 투철한 의지와 강인한 실천력으로 담대한 투쟁을 선도함으로써 1919년 독립만세운동과, 그 이후 의열단을 비롯한 의혈투쟁의 노둣돌을 놓았습니다.
　"3·1운동 전야에 세인을 놀라게 한 장승원 사살"[1] 의거 등을 펼친 광복회를 두고 조선헌병대사령부는 조선총독에게 '3·1운동의 배경은 광복회의 활동'[2]이라는 요지의 평가보고서를 제출했습니다. 바로 그 광복회가 1915년 8월 25일, 다른 곳 아닌 바로 대구(!) 달성토성土城에서 결성되었습니다.
　대구사람들은 "해방의 그날까지 끝없는 항일 투쟁"[3]을 전개했습니다.

---

　1) 박성수, 《알기 쉬운 독립운동사》(국가보훈처, 1995).
　2) 국학자료원, 《대정 8년 조선 소요 사건 상황》(1995),
　3) 김종규, 〈해방의 그날까지 끝없는 항일 투쟁〉, 《역사 속의 대구, 대구 사람들》(중심, 2001).

일본제국주의가 마지막 단말마의 폭악 행위를 일삼던 1941년 8월 대구사범학교 학생·교사·졸업생·학부모 들이 한꺼번에 300여 명이나 구속되었을 만큼 대구인들의 독립운동 의지는 끝없이 강렬했습니다.

17세 이후 줄곧 대구에게 살면서 17차례나 투옥되었던 독립운동가이자 '광야'와 '청포도'의 시인 이육사는 의열단 단원이었습니다. 의열단은 대구은행 직원이던 이종암 지사가 만주로 망명하면서 가져간 자금으로 합숙 훈련 및 거처를 마련해 창립된 1920년대 대표 의혈 무장 독립운동단체입니다. '빼앗긴 들에도 봄은 오는가'의 민족시인 이상화와, 1936년 일장기 말소 의거를 일으킨 '운수 좋은 날'의 소설가 현진건도 대구 사람입니다.

현진건을 학습하게 되면 대한민국임시의정원 의원 등을 맡아 독립운동에 매진하던 중 끝내 순국한 현정건(현진건의 셋째형) 지사와, 그의 정인으로써 최초의 여성 의열단원이었던 '사상 기생' 현계옥에 대해서도 알게 됩니다. 동아일보는 1925년 11월 3일 현정건과 현계옥이 중국으로 망명하기 이전 "밤마다 밤마다 영찬못(영선못)이란 련못가에서 시간을 명하여 두고 보고 십흔 사람을 차자 애타는 마음을 눅혓다"고 보도했습니다. 그 연못 자리가 바로 대구교육대학교 맞은편의 영선시장입니다.

앞에 간략히 말씀드린 데서도 짐작할 수 있듯이, 대구에는 독립운동 유적이 많습니다.

다만 시민들이 일목요연하게 현장을 답사할 수 있도록 안내하는 저술이 없었으므로, 2017년부터 2019년까지 3년에 걸쳐 제가 외람되이 《대구 독립운동유적 100곳 답사여행》이라는 저서를 집필·발간·수정 발간하였는데, 뜻밖의 좋은 평가를 받아 '대구시 선정 2019 올해의 책'에 뽑히기도 했습니다.

그 후 '이육사 작은 문학관'이 없어지고 군위군이 대구에 편입되는 등 변화가 일어나면서, 또 제작해둔 책이 소진을 앞두게 되면서 새로운 수정 증보판 발간이 시급해졌습니다. 어떻게 할까 고민하다가, 《대구 독립운동유적 100곳 답사여행》이 본래 두껍고 무거운데 그보다 더 심해지면 휴대하기 어렵다는 점에 생각이 미쳤습니다. 그래서 650쪽 안팎을 헤아리게 될 《대구 독립운동유적 120곳 답사여행》을 지역별로 나누어서 펴내기로 했습니다(1권 달서구·남구 편, 2권 동구·북구·수성구·달성군 편, 3권 중구·군위군 편).

독자들의 이해와 정서적 감동을 돕기 위해 곳곳에 소설 기법의 해설을 도입했습니다. 쓰기가 일반 설명문에 견줘 비교할 수 없을 만큼 힘들었지만, 그래도 집필을 마치고 나니 스스로 '잘했다!' 싶어 흐뭇하게 느껴집니다. 아무쪼록 이 책이 대구 독립운동 유적 답사에, 나아가 우리 사회에 건강한 시민정신이 확산되는 데 보탬이 되기를 소망합니다.

2024년 9월 2일
현진건 탄생 124주년에
정만진

대구 독립운동유적 120곳 답사여행 3
중구·군위군 편

[시] 굿판 : 최영 * 11
01. 대구 형무소 터 * 11
02. 대구사범학교 다혁당 투쟁지 * 20
03. 대구고보 동맹휴학 투쟁지 * 27
04. 대구상업학교 태극단 투쟁지 * 29
    05. 태극단 이상호 지사 생가터 * 31
    06. 태극단 김상길 지사 생가터 * 31
    07. 태극단 서상교 지사 생가터 * 31
08. 의열단 이종암 지사 관련 집 * 33
09. 이육사 기념관 * 41
10. 남산교회 * 46
11. 동화사 학승 의거 보현사 * 52
12. 덕산정 시장 * 52
13. 1919년 3월 10일 염매시장 * 54
14. 김진만 김진우 형제 지사 집터 * 55
15. 최제우 처형지 * 57
16. 대구권총사건 유적지 * 58
17. 진골목의 국채보상운동 부인들 * 60
18. 교남YMCA * 61

19. 서상한 지사 집터 * 65
20. 허무당 선언 작성지 * 66
21. 상화 고택 * 69
22. 최해청 집터 * 71
23. 서상돈 고택 * 72
24. 이상정 고택 * 74 - 현진건 안내판 * 76
[시] 나는 현진건이다 : 최영 * 80
25. 90계단 * 82
26. 신명학교 기념탑·블레어 선교사 주택 * 82
27. 계성학교 * 84
28. 1919년 대구 만세운동 시발지 * 87
29. 이종암 지사 독립운동자금 모금지 * 89
30. 이일우 고택 * 102
31. 이상화 생가터 * 104
32. 우현서루 터 * 104
33. 달성토성을 방문한 순종 * 116
   34. 최제우 동상 * 118
   35. 서동균 예술비 * 120
   36. 상화 시비 * 120
   37. 이상룡 구국비 * 121
   38. 허위 순국비 * 123
   39. ㄱ당 결성 * 125

40. 광복회 창립 * 126
41. 순종 동상 터 * 151·조양회관 터 * 155
42. 광문사 터 * 157
43. 북성로 * 158
44. 1919년 만세운동길 * 163
45. 대구경찰서 터 * 165
46. 종로초등학교, 최제우 나무 * 167
47. 희움 '위안부' 역사관 * 168
48. 김석형 집터 * 171
49. 북후정 터 * 172
50. 장진홍 의사 유적지 * 173
51. 동양척식주식회사 터 * 178
52. 국채보상운동기념관, 국채보상공원 * 179
53. 1919년 3월 8일의 마지막 현장 * 166
이상의 순서에 따라 답사를 하면 효율적입니다.
54. 허석 의사 순국 기적비 * 183
55. 군위 성결교회 * 185
56. 이용문 지사 집터 * 186
57. 박무조 지사 표충비 * 187
58. 만세운동 현장 우보 장터 * 188
59. 김하락 의병군 주둔지 * 189
60. 자정 순국 이현섭 지사 집터 * 190
61. 신간회 유쾌동 지사와 가창 학살 * 191
62. 의열단원 류시태 지사 묘소 * 210

중구 공평로 22 대구형무소 터
수많은 독립투사들이 순국한 핏빛 유허

우리집 요리사는 돼지처럼 던져져 결박을 당했고 (일본) 기마병은 '죽여라!' 하고 소리쳤다. 대구에선 이미 3명이 총에 맞아 숨지고 8명이 다쳤다. (중략) 죄수 가운데는 15살 소년 두 명과 나환자도 한 명 있었다. 두 소년은 키가 너무 작아 판사가 이들의 정수리도 볼 수 없을 정도였다. 대구감옥엔 5,000명이 수감돼 있었다. 재령에서 온 파이팅 박사도 이곳에 있었는데 '여학생이 머리채를 잡혀 질질 끌려오는 것을 본 노인이 다른 여학생을 보호하기 위해 손을 들어 올렸다가 가슴에 총을 맞았다.'라고 했다.

대구와 경북 일원에서 기독교 선교 활동을 했던 미국인 브루엔의 《아, 대구! 브루엔 선교사의 한국 생활 40년》(대구 남산교회, 2014)에 실려 있는 1919년 3월 8일 대구독립만세운동 목격담 중 일부이다. 1919년 3월 당시 대구감옥에 5,000명이나 되는 조선인이 갇혀 있었다는 증언이 눈길을 끈다. 삼덕동의 대구감옥(1910~1923)과 대구형무소(1923~1945) 터는 광복회 총사령 박상진 의사, 조선은행 대구지점 폭파 사건의 장진홍 의사 등 무수한 독립투사들이 나라와 민족을 위해 싸우다 돌아가신 순국 성지이다.

의열단 단원 이원록도 장진홍 의사의 1927년 10월 18일 조선은행 대구지점 폭파 사건에 연루되어 이곳 대구형무소에 19개월 가량 갇혀 지냈다. 죄수번호가 264번이었다. 이때부터 이원록은 264의 한글 발음 '이육사'를 필명으로 삼았다.

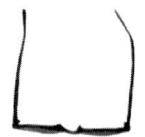 

안동 이육사문학관에 전시되어 있는 육사의 안경과 원고

1944년 북경 감옥에서 절명하는 그 순간까지 민족지사의 양심을 지키며 꿋꿋하게 일제에 맞섰던 이육사는 '청포도', '광야' 등 절창을 남겨 시인으로도 이름이 높다.

'모란이 피기까지는'의 김영랑도 대구형무소에서 복역했다. 전남 강진의 지주 집안에서 태어난 영랑은 1917년 서울 휘문의숙에 진학했다. 당시 휘문의숙에는 선배인 홍사용과 박종화, 후배인 정지용과 이태준 등이 다니고 있었다. 그는 3·1운동 때 체포되었다가 풀려난 후 고향으로 돌아와 재차 만세운동을 모의한다. 하지만 사전에 발각되었고, 대구감옥으로 끌려와 여섯 달 동안 옥고를 치렀다.

부산의 항일투사 박재혁도 대구형무소에서 순국했다. 의열단 단원이었던 박재혁은 1920년 9월 14일 부산경찰서에 폭탄을 던져 일본인 서장을 폭사시켰다. 그는 수감되어 있던 중 단식 끝에 스스로 죽음을 선택했다. 1920년 12월 27일 밀양 경찰서에 폭탄을 투척했던 또 다른 의열단원 최수봉 지사도 1921년 7월 8일 28세의 젊은 나이로 대구감옥에서 순국했다.

광주의 부자 의병장 양진여와 양상기 역시 대구감옥에서 순국했다. 아버지 양진여 의병장은 담양과 장성 일대에서, 아들 양상기 의병장은 화순 동복 일대에서 1908년 군사를 일으켜 활동했다. 그러나 끝내 일본에 체포되어 아버지는 1910년 5월 30일, 아들은 1910년 8월 1일 각각 교수형에 처해졌다. 일제에 맞서 싸운 아버지와 아들이 불과 두 달 간격으로 목숨을 잃은 것이다. 특히 아들 양상기 의병장은 시신도 찾지 못했다.

대구 신암선열공원에 안장되어 있는 조기홍 지사도 대구형무소에서 당한 혹독한 고문 후유증으로 세상을 떠났다. 지사는 임시정부의 특파원과 연락을 주고받으면서 독립운동을 독려하는 문서를 제작하여 대구

조기홍 지사 묘소(신암선열공원)

시내 사립학교들과 상점에 배포하다가 체포되어 징역 1년의 옥고를 치렀다. 지사는 출옥 후 폭탄을 제조해 비슬산에 숨겨둔 채 기회를 노리던 중 다시 잡혀 가혹한 고문을 당했다. 결국 지사는 고문 후유증으로 1945년 8월 2일 순국했다. 8월 2일! 독립을 쟁취하는 8월 15일을 눈앞에 둔 시점이었다.

창원의 25세 청년 박창오도 창원공립보통학교 훈도 조영기, 청년 손조동, 김두석, 김두봉, 김상대, 박순오 등과 함께 무정부주의 비밀결사 흑우黑友연맹 운동을 하다 1928년 체포되어 대구형무소에 갇혔다. 그 역시 출옥 후 고문 후유증으로 1934년 세상을 떠났다.

경북 예천에서 1932년 11월 비밀결사 무명당無名黨을 조직하여 활동하던 중 체포되어 대구형무소에서 3년 동안 옥살이를

했던 김기석 지사도 출옥 이후 1년 만에 세상을 떴다. 일제의 지독한 고문은 30세 청년의 목숨도 참혹하게 앗아갔던 것이다.

계성학교 5학년 때 대구3·8만세운동을 계기로 독립운동에 뛰어들었던 대구대학교 설립자 이영식도 대구감옥에서 수형 생활을 했다. 대구에서 3·8만세운동을 한 뒤 칠곡 인동의 진평교회에 숨어지내던 이영식은 3월 13일 400여 군중을 이끌고 마을 뒷산에 올라 "독립 만세!"를 외쳤다. 그는 궐석 재판에서 6개월의 실형을 언도받았으나 서울로 피신하는 데 성공했다. 하지만 결국 일제에 체포되어 서대문감옥에 6개월 동안 수감됐다. 출옥 후 그는 일본인 경찰서장에게 '살고 싶으면 얌전히 일본으로 돌아가라.'는 경고문을 보냈다가 대구감옥에서 또 다시 1년 6개월 동안 옥살이를 했다.

1919년 3월 30일 동화사 지방학림(현 승가대학) 학승들도 대구 덕산정시장에서 만세운동을 일으켰다가 대구감옥에서 10개월씩 옥살이를 했다. 학승들은 3월 29일 동화사 포교당인 반월당 보현사에서 대극기를 만들며 다음날의 시위를 준비했었다.

일제의 지독한 고문을 받아 온통 상처투성이가 되고, 피범벅으로 변했던 우리 민족 수난사의 현장, 대구형무소 터… 지금은 주차장과 잡다한 건물들로 메워져 있다. 오가는 시민들은 많지만 이 번잡한 동네가 나라와 겨레를 위해 목숨을 바친 선열들의 피투성이 통한의 현장인 줄 아는 이는 거의 없는 기색이다. 시간이 지나면 더욱 까맣게 잊히리라…. 서대문형무소는 남아 있는데 대구형무소는 왜 없어졌을까…. ☯

대구형무소 사형장 터에 세워진 '삼덕교회 60주년 기념관'(공평로 22)

[증언] 강창덕
독립운동정신계승사업회 고문

현충일을 하루 앞둔 2018년 6월 5일 오후 4시, 9명의 대구 시민들이 중구 삼덕동2가 149-22 '삼덕교회 60주년 기념관'에서 만났다. 삼덕교회 60주년 기념관에서 만난 것은 이곳이 대구형무소 사형장이 위치했던 역사의 현장이기 때문이다.

"사형장은 대구형무소의 북서쪽 모서리에 자리를 잡고 있었지. 하루는 절도 전과가 10범을 넘는 강오원이라는 잡범이 미결수들이 갇혀 있는 미결사 북쪽에 있던 사형장의 지붕을 밟고

탈옥을 했어. 그래서 난리가 났지. 그 잡범은 사형수였기 때문에 이래 죽으나 저래 죽으나 매한가지라는 생각에서 탈옥을 감행했던 게야."

답사자들은 강창덕 독립운동정신계승사업회 고문(당시 92세)의 회고담을 들었다. 19세부터 시작하여 대구형무소를 네 번이나 드나든(?) 강 선생은 현재 국내 최고의 '대구형무소 해설사'임에 틀림없다.

대구지방교정청 누리집도 강 선생의 회고가 사실과 일치한다고 증언한다. 누리집에 따르면 '대구 감옥'은 그 이전부터 존재했던 '대구 감옥서'를 인수하여 1908년 7월에 개청했다. 1910년 4월 삼덕동 3,800평 땅에 건물을 지어 이전했고, 1924년에는 크게 확대되어 부지가 7,800평에 이르렀다. 7,800평이면 현재 삼덕교회 60주년 기념관이 들어서 있는 삼덕동2가 149-3(공평로 22)에서 삼덕동2가 210-1 진석타워(동덕로 115)까지 동서로 200m가량, 삼덕동2가 166 일신학원 터까지 남북으로 100m 이상 되는 넓은 땅을 차지하고 있었다는 이야기이다.

대구형무소의 담장은 처음에는 목조였는데 1921년 들면서 일부가 벽돌조로 개축되었다. "붉은 벽돌 담장이었어. 사방으로 담장이 쳐져 있었는데, 그 중 한쪽엔 30m 정도 간격을 띄워 울타리가 재차 설치되어 있었지(다음 쪽 '대구형무소 배치도'의 30번 '경계 담장'). 형무소에 필요한 물품들을 외부에서 공급받던 용도

계 사무실도 기억이 나네. 동쪽 담장 너머에는 채소밭이 있었고, 죄수들이 거기서 농사를 지었지."

대구 감옥은 1923년부터 '대구 형무소'라는 새 이름으로 불렸고, 1961년에 다시 '대구 교도소'가 되었다. 대구 교도소는 1971년 달성군 화원읍 천내리 472(비슬로 2624)로 옮겨갔다.

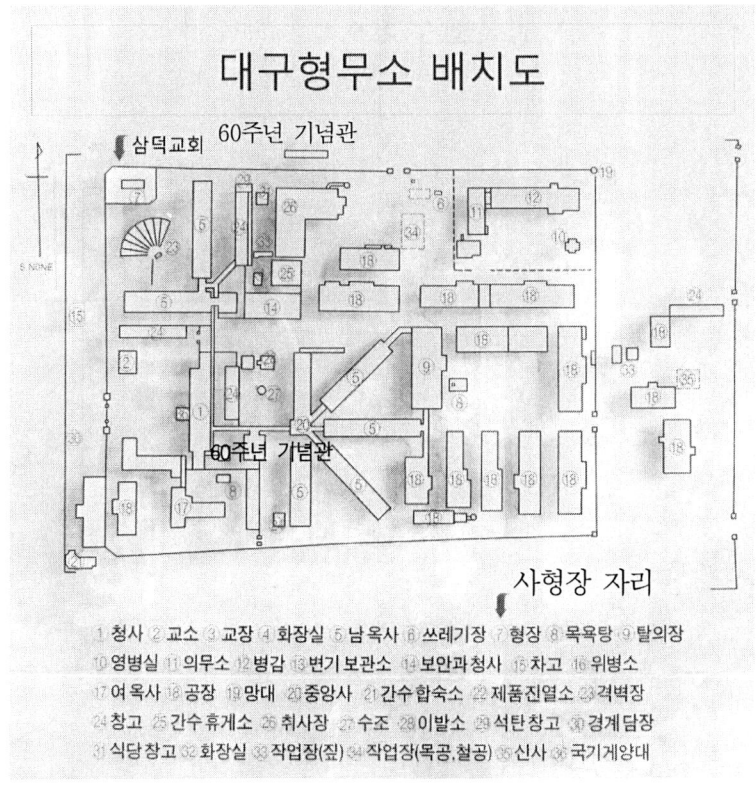

"출입은 정문이 아니라 그 옆 협문으로 했어. 협문 안에 면회실이 있었지. 더 들어가면 기결수 방이 있었는데 꼭 부채살처

럼 생겼어(위 배치도의 5번 건물). 간수부장이 그 중심부에 앉아서 죄수들을 한눈에 살필 수 있도록 지어졌던 게야. 종종 간수부장이 있는 방(위 배치도의 20번 공간)에서 비명소리가 들렸지. 그 자가 금속은 아닌 걸로 만든 와이어줄 같은 걸로 사람을 때렸어."

형무소 안에는 목공장, 철공장, 양재장, 구두공장 등 작업실도 여럿 있었다. 강 선생은 '죄수들은 이곳에서 노동을 했는데 더러는 여기서 배운 기술을 사회에 나와서 유용하게 활용한 이도 있었다.'고 했다.

"1975년에 박정희 정권이 유신 체제를 유지하려고 인혁당이라는 간첩 사건을 조작하여 8명을 사형시키고 많은 사람들을 무기징역 등에 처하잖아. 서도원, 김용원, 이수병, 우홍선, 송상진, 여정남, 하재완, 도예종, 이렇게 여덟 분이 억울하게 돌아가셨지. 이태환, 유진곤, 전창일, 이성재, 김한덕, 나경일 동지, 그리고 나 강창덕 이렇게 7명은 무기징역을 받았고, 다른 네 명이 징역 20년, 또 다른 네 명이 징역 15년을 받았지."

"징역 15년을 받고 감옥살이를 하고 있던 동지 중에 전재권 동지가 양재실에서 일했어. 그 동지가 눈썰미가 있고 손재주가 뛰어나서 기술을 아주 잘 익혔지. 나중에 출소한 뒤 서문시장에서 옷 만드는 가게를 했는데 상당히 성공했어. 전 동지가 번 돈을 사회 개혁 운동을 하는 사람들에게 많이 기부를 해서 그 덕에 후배들이 활동하는 데 큰 도움을 받았지."[4]

---

4) 인혁당 재건위 사건은 지난 1975년 박정희 정권이 유신 체제 유지를 위해 간첩을 조작, 8명의 무고한 사람들을 사형에 처하고 17명을 무기징역 등 장기 투옥시킨 사건이다. 2008년 모두 무죄가 선고됐다.

강 선생은 지금도 생각하면 가슴에 서늘하게 떠오르는 말이 있다고 했다. 5·16이 일어나 다시 대구형무소에 투옥되었는데 형사가 정치범들을 비웃으면서 '4·19는 너희들 거지만 5·16은 우리 거야!' 하고 일갈했다는 것이다. 이야기는 대구형무소와 담장 밖 남대구경찰서에 갇혀 있던 사람들이 1950년 전쟁 발발 직후 달성군 가창면 가창골과 경산 코발트 광산으로 끌려가 무자비하게 학살된 사건으로 연결되었다. 이정우 전 청와대 정책실장의 부친께서 가창골로 끌려가 유명을 달리하기 직전 천재일우의 도움으로 풀려난 일, 시집 <대가리>를 통해 '그해 10월'의 참혹한 비극을 증언했던 고희림 시인의 여러 일화 소개 등을 들으며 답사여행 참가자들은 모두 숙연해졌다.

(그 후 기념관 뒤에 대구형무소 관련 전시물이 더 만들어져 게시되었고, 2층은 대구형무소 기념공간으로 꾸며졌다.) ☯

삼덕교회 60주년 기념관 1층 내부 벽의, 이육사 시인이 수인번호 '二六四'를 단 모습과 형무소 건물 부조 일부

중구 달구벌대로 2178 사대부고 다혁당 투쟁지
교육자의 진면목을 보여준 대구사범학교 학생들

경북대학교 사범대학의 전신 대구사범학교는 1929년에 개교했다. 대구사범학교는 개교 초기부터 상당수 학생들이 짙은 민족의식을 가지고 항일 운동에 뛰어들었다는 특징을 가지고 있다. 이 학교 학생들은 '역사와 조선어 강의를 담당했던 김영기 교사의 영향으로 민족의식을 가지게 되었고, 사회주의 사상가 현준혁 교사의 영향으로 항일 조직 활동에 적극적이었다.'[5]

대구사범학교 학생들은 1기생들이 중심이 되어 독서 모임인 '사회과학연구회'를 조직, 1929년부터 1934년까지 활동했다. 하지만 단순한 독서회가 아니었다. 비밀 결사였다. '민족 해방과 우리나라의 독립'을 목표로 단체를 세웠고, '실력을 양성하여 독립을 준비'하려고 계획하였다. 사회과학연구회는 '대구사범 심상과 민족운동의 시초'로서 '그 이후의 다혁당과 조선어연구회로 끝맺는 큰 뿌리'[6]였다.

사회과학연구회의 조직과 활동 이외에도 대구사범학교 학생

---

5) 김종규, 〈해방의 그날까지 끝없는 항일 투쟁〉, 《역사 속의 대구, 대구 사람들》(대구·경북역사연구회, 2001), 249쪽.
6) 문덕길, 〈다혁당의 조직과 활동〉, 《대구사범 학생 독립운동》(대구사범학생독립운동동지회, 1993), 104쪽.

④ 대구사범학교 항일학생의거 순절동지추모비

대구사범학교 8, 9, 10회 학생들이 주축이 되어 일어난 학생항일운동을 기념하고 옥중에서 순국한 다섯 분(강두안, 박제민, 박찬웅, 서진구, 장세파)을 추모하기 위하여 1973년 건립되었다. 대구사범학교 학생들은 1938년 조선어 과목이 폐지되자 우리말 보존을 위해 노력하였고 일본이 경부선복선철도공사에 학생들을 강제동원한데 대하여 항거한 왜관사건을 계기로 문예부, 연구회, 다혁당을 조직하여 활동하는 등 항일독립 운동에 앞장섰다.

'대구사범학교 항일 학생 의거 순절 동지 추모비'(1973년 11월 3일 건립)
'대구사범학교 항일 학생 의거 순절 동지 추모비' 앞 안내판의 내용

들은 항일 운동에 열성을 다했다. 개교 이듬해인 1930년 3월 31일에는 항일 비밀 결사 '주먹대'가 일제 경찰에 발각되어 4명이 유죄 판결을 받았다. 1932년 1월 26일에는 현준혁 교사가

학생들에게 항일 의식을 불러일으키고 사회주의 사상을 고취한 일이 드러나 37명이 검거되었다.

1939년 7월에는 왜관 철도 보수 공사에 200여 명 동원되었던 4~5학년 심상과 학생들이 의거를 일으켰다. 이때 연습과 학생 200여 명도 함께 출동했다. 연습과는 중학교 5학년 졸업 후 입학하는 1종 훈도(교사) 양성 제도로 대부분 일본인으로 구성되어 있었다.[7]

7월 26일 밤에 '왜관 학생 항일 의거'가 일어났다. 며칠 전 양국 학생들 사이에 시비가 빚어졌을 때 일본인 교유(교사)들이 불공평하게 처리한 적이 있었다. 심상과 5학년(7기생)들은 일본인 교유들 중 가장 악질적인 세 사람을 힘으로 규탄할 것을 결의했다.

학생들은 밤 10시 30분쯤 강본岡本 교유와 좌구간佐久間 교유를 모기장으로 덮어씌워놓고 집단 구타했다. 구타 대상으로 지목했던 셋 중 전원前園 교유는 도망을 치는 바람에 놓치고 말았다. 이 일로 조선인 학생 고승석, 김재수, 김중정, 김희원, 박영섭, 정기현, 정인용 7명이 퇴학당하고, 그 외에 11명이 정학 처분을 받았다. 나머지 학생들은 근신 처분을 받았다.

8월 16일 밤, 권쾌복權快福, 배학보裵鶴甫(신암선열공원 안장), 최태석崔泰碩(신암선열공원 안장), 김성권金聖權, 조강제趙崗濟, 최영백崔榮百, 문덕길文德吉 등 20여 명이 왜관 소학교 앞 낙동강 백사장에 모였다. 이들은 7기 선배들의 일본인 악질 교사 구타와

---

7) 다혁당 당원이었던 문덕길은 앞의 글에서 '거기에 입학하는 학생은 대학 진학이나 취업에 낙오한 자들로서 학력이나 지능이 낮은 학생들이었다.'라고 증언하고 있다.

그 후 퇴학 등 처분을 받은 일의 진상을 알아볼 것과, 향후 대책을 강구하자는 데 의견을 모았다. 이 자리에서 9기(3학년) 학생들은 '백의단白衣團'이라는 이름의 비밀 결사체를 조직했다.

백의단은 1년 6개월 동안 활동을 이어오다가 '다혁당'으로 확대 개편되었다. 다혁당 출범에는 이미 결성되어 활동해온 '문예부'와 '연구회'가 큰 힘이 되었다. 문예부는 1940년 11월 23일 봉산정 127번지 이태길李泰吉의 하숙방에 모인 5학년 박효준朴孝濬, 이태길, 박찬웅朴贊雄, 강두안姜斗安, 4학년 류흥수柳興洙, 이동우李東雨, 문홍의文洪義, 3학년 김근배金根培 등 8명이 창립총회를 가졌다. 이후 4학년 박호준朴祜雋, 이주호李柱鎬, 조강제도 가입했다.

그 무렵 8기생 사이에는 문예부보다 두 달 뒤인 1941년 1월 23일 동인동 소재 이무영李茂榮의 하숙집에 모인 임병찬林炳讚, 장세파張世播, 안진강安津江, 김영복金榮宓, 최낙철崔洛哲, 윤덕섭尹德燮, 이태길, 강두안 등 9명이 창립하고, 며칠 뒤 오용수吳龍洙, 이원호李元浩, 윤영석尹永碩, 박제민朴濟民, 양명복梁命福 등이 가입한 '연구회'도 활동하고 있었다(이태길과 강두안은 이때 문예부에도 가입해 있었다).

연구회는 동인동 251번지 박제민의 하숙방이나 대구 근교 솔밭에 모여 여섯 차례 발표회도 가졌지만 이내 졸업을 맞았다. 회원들은 경북 의성 안평 소학교(장세파), 충북 황간 남성 소학교(오용수), 강원도 영월금 소학교(이태길), 함경북도 나진 약초 소학교(최낙철) 등에 배치 받아 학부모와 학생들을 대상으로 민족의식 함양에 몰두하다가 그해 7~8월에 모두 구속되었다.

1941년 2월 15일 오후 7시쯤 류흥수와 이주호의 봉산정

242번지 하숙방에 류홍수, 이주호, 권쾌복, 배학보, 최영백, 김효식金孝植, 김성권, 이도혁李道赫, 문홍의, 최태석, 이종악李鍾岳, 서진구徐鎭九, 문덕길, 이홍빈李洪彬, 박호준 등이 모였다. 대부분 백의단과 문예부의 회원이었던 이들은 이날 백의단, 문예부, 연구회를 발전적으로 해체하되 그 활동과 전통을 이어받는 '다혁당茶革黨'을 결성했다. 다혁당이라는 이름은 이홍빈이 제안했는데 '茶'는 영웅은 다색茶色을 좋아한다, '革'은 혁명革命을 일으킨다는 뜻을 담았다. 당수와 부당수는 백의단의 당수 권쾌복과 부당수 배학보가 그대로 유임했다.

대구사범학교 비밀 결사 다혁당은 공휴일과 일요일이면 앞산 정상에 올라 군사훈련을 실시했다. 사진은 정상으로 가는 길목의 눈 내린 날 안일사 풍경이다. 윤상태, 서상일, 이시영 등 대구의 청년 지사들은 1915년 2월 28일 이곳에서 '조선국권회복단 중앙총부'를 결성, 국권회복운동에 목숨을 바칠 것을 서약했다.

다혁당은 공휴일과 일요일에 앞산 정상에서 군사 훈련을 실시했다. 방학이면 고향으로 돌아가 야학을 열었다. 일제는 1939년부터 대구사범학교 학생들의 야학을 금지했다. 다혁당은 일본인이 다니는 대구중학 학생들이나 대구사범학교 연습과 학생들이 조선인 학생을 괴롭히면 '구타를 가하고' '교내 박물 교실 뒤편 플라타너스 숲으로 불러 철퇴를 가하며 꼼짝 못하게 하였다.'[8]

1941년 8월 전국 각지에서 교사로 근무하던 대구사범학교 8기 다혁당 당원들이 일제히 일제 경찰에 검거되었다. 다혁당 기관지 《반딧불》이 일제의 손에 넘어가면서 활동 전모와 조직이 드러난 때문이었다. 교사들만이 아니라 재학 중이던 5학년 9기, 4학년 10기 당원들도 체포되기 시작했다. 이때 일제는 김영기 교사도 구속했고, 해외에 유학 중이던 당원까지 잡아왔다. 일제 경찰은 다혁당 당원 교사들과 친하게 지냈던 학부모들도 주목하여 전국적으로 300명이 넘는 사람들을 구속했다.

체포된 다혁당 당원들은 충청남도 경찰국 고등계에서 조사를 받았고, 1941년 12월 7~8일 김영기 교사를 포함해 35인이 대전 형무소에 수감됐다. 지사들이 충청도로 잡혀가 조사를 받고 대전 형무소에 투옥된 것은 기관지 《반딧불》이 처음 일제 경찰에 들어간 곳이 충청남도 홍성이었기 때문으로 추정된다.[9]

수감자들은 5~8년의 실형을 구형받았고, 최종적으로 2년6개월~5년을 언도받았다. 그 중 서진구, 박제민, 강두안, 박찬웅, 장세파 다섯 당원은 끝내 옥사하였고, 12명은 고문 후유증으로

---

8) 문덕길, 앞의글, 118~119쪽.
9) 김성권, 〈피검과 투옥〉, 《대구사범 학생 독립운동》(대구사범학생독립운동동지회, 1993), 134쪽.

출옥 이후 순국하였다.

당시 문예부 회원과 다혁당 당원으로 활동했던 이주호는 대구사범학생독립운동동지회가 1993년에 펴낸 《대구사범 학생 독립운동》에 게재한 〈3개 결사의 상호 관계와 그 학생 독립운동사적 의의〉에서 '(대구사범학교 학생들이 일으킨) 이 운동의 한국 학생 항일운동사적 의의'를 아래와 같이 정리했다.

첫째, 전통성을 지닌 학생운동
둘째, 조직성과 체계성을 갖춘 학생 운동
셋째, 사제일체가 되어 일으킨 사제동행의 학생운동
넷째, 학생운동과 사회·민중운동을 병행한 2인3각식의 2원적인 학생운동
다섯째, 문화적·교화적 계몽운동으로서의 학생운동
여섯째, 지속적이며 일관된 학생운동 [10]

---

10) 대구사범학교 학생독립운동에 대해서는 《대구 독립운동유적 120곳 답사여행 1(달서구 남구 편)》에 좀 더 상세히 소개되어 있습니다. 달서구 두류공원에 '대구사범학생 독립운동기념탑'이 세워져 있기 때문입니다.

대구 동덕로 33 청운맨션 대구공립고등보통학교 터
학생들, 동맹휴학으로 일제에 맞서다

　대구공립고등보통학교(현 경북고교) 동맹휴학 투쟁지는 현재 청운맨션이라는 이름의 아파트 단지로 변해 있다. 한때 이곳이 일제 강점기 시절 적과 맞서 처절하게 투쟁했던 젊은이들의 배움터였다는 사실을 말해주는 유허는 전혀 남아 있지 않다. 안내판 하나 없다.

　1919년 10월 25일 첫 동맹휴교 이래 1926년 3월에도 학생들은 '조선인은 야만인' 발언을 한 일본인 교사의 사직을 요구하며 등교를 거부했다. 하지만 15명이 퇴학을 당하면서 투쟁은 실패로 끝나고 말았다.

　1927년 11월 10일 대구공립고등보통학교 학생들인 윤장혁尹章赫·손익기孫益基·조은석趙銀石[11]은 같은 학교 동급생인 백대윤白大潤의 남산동 소재 집에 모였다. 그들은 식민지 노예교육을 반대하고 사회과학을 연구하여 독립 운동에 매진하려는 목적으로 비밀결사 '신우동맹新友同盟'을 조직한다.

　당수 장적우張赤宇, 책임비서 윤장혁, 중앙집행위원 조은석·백대륜 등 4명으로 간부진을 구성한 장종환張鍾煥·정수광鄭壽光·

---

[11] 《대구 독립운동유적 120곳 답사여행 2》에 소개되어 있다.

문철수文鐵洙·권태호權泰鎬·김낙형金洛衡·상무상尙戊祥·이월봉李月峰·정복흥鄭復興·이봉재李鳳在·박득룡朴得龍·장원수張元壽·김봉구金鳳九·장은석張銀石·한상훈韓相勳·황보선皇甫善·이기대李起大 등 20여 맹원盟員(조직원)들은 3개 그룹으로 나누어 학습에 매진했다.

그들은 일제의 추적을 피하기 위해 혁우동맹革友同盟, 적우동맹赤友同盟 등으로 명칭을 변경해가면서 활동하다가 1928년 2월 조직을 해산하였다. 그 후 1928년 9월 8일 다시 '우리동맹'을 결성했다.

1차 동맹휴교 실패 뒤인 1928년 9월 26일 학생들은 2차 동맹 휴교를 계획했고, '식민지 노예 교육 철폐, 민족 차별 철폐' 등을 요구하며 10월 15일 맹휴를 단행하였다. 이 일로 182명 무기정학, 18명 퇴학, 105명 검거, 24명이 실형을 받았다. ☯

청운맨션(대구공립고등보통학교 터)

태극단 학생 독립운동 기념탑 (2003년 10월 19일 건립, 상인동 1 상원고)

중구 대봉로 260 대구문화재단 건물 태극단 투쟁지
10대의 대구상업학교 학생들, 독립을 꿈꾸었다

'대구 공립 상업학교' 본관 건물은 대구시 유형문화유산으로 지정되어 있다. 실업인 양성을 목적으로 건립된 이 문화재는 일제가 지은 대구 최초의 학교 건물이다. 5년제 10학급 입학 정원 100명(한국인 50명, 일본인 50명)으로 출발한 대구상업학교는 1923년 대구중학교 교사의 일부를 빌려서 개교했다가 이내 현 위치에 본관 건물을 완공해 학교를 옮겼다. 첫 졸업생 52명은 1928년 3월 7일에 배출했다.

학교는 1946년 9월 1일 6년제 24학급 '대구 공립 상업 중학교'가 되었고, 1951년 9월 1일 '대구상업고등학교'로 개칭되었다. 그 후 2003년 10월 15일 일반계인 '대구상원고등학교'로 다시 바뀌었다. 그 중간인 1984년 9월 22일에는 달서구 상인동 1번지(월배로 241)에 학교 건물을 새로 지어 이전했다.

1942년 대구상업학교 학생들은 태극단太極團을 결성했다. 태극단 가담 학생들은 조국 광복이라는 원대한 목표를 꿈꾸며 비밀결사를 조직했고, 치밀한 행동강령 아래 조직적 항일투쟁을 벌였다. 그러나 1943년 단원 26명 전원이 체포되고, 그 중 4명은 고문 후유증으로 세상을 떠난다. 일제는 사건이 조선 민중들에게 줄 영향을 우려하여 비밀에 부쳤다. 태극단의 존재는 나라가 독립을 되찾고도 한참 뒤인 1963년에 들어서야 일반에 알려졌다.

이상호 지사 생가터
달구벌대로 2125-7

태극단의 조직과 활동에 대해 좀 더 알아본다. 1942년 5월 대구상업학교 학생 이상호, 김종우, 이태원, 대구직업학교(대구공고) 윤삼룡, 경북중학(경북고) 최두환 등 7명은 심신 단련과 연구를 목적으로 하는 단체 조직을 계획한다. 그 이후 대구상업학교의 이상호李相虎, 서상교徐尙敎, 김상길金相吉 등 26명의 학생들은 비밀 결사 '태극단'을 결성한다. 이들은 조국 독립을 위해 헌신하기로 결의한 후, 일본군 입대 반대 유인물 배포, 독립정신 고취를 위한 학술연구 토론회 개최, 군사 서적 번역, 글라이더 및 폭발물 제조 연구 등도 추진한다. 이상호가 단장, 서상교가 체육국장, 김상길이 관방국장을 맡는다.

이들은 앞산 안일사에서 결성식을 개최하려다 참석자가 적어 포기하고, 다시 6월 6일을 기해 결성식을 가지기로 한다. 일제 경찰이 이를 알고 5월 23일 이상호를 체포한다. 이상호는 끝까지 자기 혼자서 일을 도모했다고 버티지만 일경이 집을 수색하자 천장에서 태극단원 명단 등이 발견된다.

김상길 지사 생가터
명륜로6길 15

서상교 지사 생가터
명륜로 13-20

5월 27일 나머지 25명도 모두 체포된다. 조사를 받는 과정에서 악랄한 고문을 당한 이준윤李浚允이 먼저 순국하고, 이원현李元鉉도 병보석으로 풀려난 뒤 사망하는 등 모두 4명이 고문 후유증으로 세상을 떠난다. 10년 형을 선고받고 감옥에 갇혀 있던 이상호도 광복 직후 순국한다. 이상호·서상교·김상길·김정진金正鎭·이원현·윤삼룡尹三龍 등 6명이 재판에 회부되어 10년~2년의 형을 선고받는다.

　태극단 독립운동가들은 이상호, 김상길, 서상교 지사가 건국훈장 독립장, 이원현, 이준연 지사가 애국장, 김정진, 윤삼룡, 이태원李兌遠, 정환진鄭晥鎭, 정광해鄭光海 지사가 애족장을 받았다. 그러나 독립 선열들이 자신의 모교(대구 상원고) 누리집에도 제대로 등장하지 않는 상황에 훈장을 받아 농 안에 넣어둔들 무슨 소용일까!

　그뿐이 아니다. 달서구 상인동 1번지 상원고교 야구장 뒤편(달서공고 정문 앞)에는 태극단기념사업회가 2003년에 세운 기념탑이 있지만, 대구상업학교 건물 중 한 채만 남아 있는 중구 대봉1동 60-10번지 태극단 투쟁의 현장에는 독립운동과 관련하여 한 마디의 '안내 말씀'도 없다. ☯[12]

---

　12) 대구상업학교 학생독립운동에 대해서는《대구 독립운동유적 120곳 답사여행 1(달서구 남구 편)》에 좀 더 상세히 소개되어 있습니다. 달서구 상인동에 '태극단 학생 독립운동기념탑'이 세워져 있기 때문입니다.

중구 문우관길 30-26 이종암 지사 관련 집
대구에 의열단 유적이 있다는 말, 처음 듣네

1919년 11월 9일 밤, 만주 길림성 파호문把虎門 밖, 이종암이 세 들어 있던 중국인 반모潘某의 집(화성여관)에 독립지사들이 모였다. 지사들은 중국에서 활동 중인 수많은 독립운동 단체들이 온건 노선을 견지하는 탓에 성과를 내지 못하고 있으므로 급진적인 폭력 투쟁을 전개하는 것이 옳다는 데 의견을 모았다. 이들은 이튿날 새벽 급진적 민족주의 노선의 항일 비밀결사 의열단義烈團을 조직했다.

의열단은 창단 당시 주로 신흥 무관학교 출신들로 구성되었다. 김대지金大池와 황상규黃尙奎가 고문, 김원봉金元鳳이 단장을 맡았다. 회원은 이종암李鍾岩, 강세우姜世宇, 곽경郭敬, 권준權俊, 김상윤金相潤, 배동선裵東宣, 서상락徐相洛, 신철휴申喆休, 윤세주尹世胄, 이성우李成宇, 한봉근韓鳳根, 한봉인韓鳳仁 등 10여 명이었다.

신채호申采浩가 1923년 1월에 발표한 〈조선 혁명 선언〉(일명 〈의열단 선언〉)에는 의열단의 독립투쟁 노선과 행동강령이 잘 나타나 있다. 민중의 직접 혁명과 평등주의 노선을 천명한 의열단은 일부 민족주의자들의 노선이었던 문화주의·외교론·준비론 등 일체의 타협주의를 배격했다. 오직 폭력적 민중 혁명으로 일제를 타도해야 한다는 전술이었다. 민족의 지상 과제인 독립을 쟁취하기 위해서는 오직 암살과 파괴라는 직접적 투쟁 방식을 선택할 수밖에 없다는 순수한 민족 독립 운동 노선이 잘 드러나 있는 대목 한 곳을 찾아 읽어본다.

> 일본 강도 정치 하에서 문화운동을 부르는 자, 누구이냐? (중략) 우리는 우리의 생존의 적인 강도 일본과 타협하려는 자나 강도 정치 하에서 기생하려는 주의를 가진 자나 다 우리의 적임을 선언하노라. (중략) 우리는 '외교' '준비' 등의 미몽을 버리고 민중 직접 혁명의 수단을 취함을 선언하노라. (중략) 양병 십만이 일척의 작탄만 못하며 억찬 장 신문잡지가 일 회 폭동만 못할지니라.

그 후 의열단은 1926년 들면서 당시 유행한 사회주의 이론을 수용하기 시작한다. 의열단이 본격적으로 급진 좌파의 노선으로 가게 되는 것은 1929년 12월 이후부터이다.

이때 의열단 단원들의 이상은 구축왜노驅逐倭奴·광복조국光復祖國·타파계급打破階級·평균지권平均地權이었다. 구축왜노(왜놈 오랑캐를 몰아낸다)와 광복조국은 독립운동 단체들의 한결같은 목표였지만, 타파계급과 평균지권(땅의 소유를 평등하게 한다)은 민중을 직접혁명의 핵심으로 보는 독립운동의 새로운 흐름을 반영한 구호였다.

의열단은 파괴 대상으로 조선총독부, 동양척식회사, 매일신보사, 각 경찰서, 기타 왜적 중요기관 등 일제의 식민지 통치기관 및 관련 기관의 시설을 지목했다. 의열단 단원들은 계획을 실행하기 위해 폭탄 제조법부터 배웠다. 1919년 창단 당시 10여 명이던 결사 단원이 1924년에는 70여 명으로 크게 확대되었다.

　의열단의 활동 중 널리 알려진 몇 사례를 살펴본다. 1920년 9월 14일 박재혁朴載赫 지사가 부산 경찰서에 폭탄을 투척하여 일본인 서장 등 3명을 죽였다. 중상을 입은 채 체포되어 대구 형무소에 수감되어 있던 지사는 9일 동안 단식한 끝에 스스로 목숨을 끊었다.

　부산 경찰서 폭탄 투척 후 불과 3개월 뒤인 1920년 12월 27일 밀양 출신 의열단원 최수봉崔壽鳳이 이종암과 김상윤 등이 제조한 폭탄을 품고 밀양 경찰서 안에 들어가 일본인 서장이 모든 직원을 모아놓고 훈시할 때 폭탄을 던지는 데 성공했다. 이날 투척은 불발과 복도 폭발로 일본 경찰을 살상하지는 못했지만 사회에 큰 여파를 불러일으켰다. 최수봉은 현장에서 자결을 기도했으나 실패했고, 교수대에 올라 21세의 짧은 생애를 마쳤다.

　1921년 9월 12일 오전 10시경 의열단원 김익상金益相은 전기 수리공을 가장하여 서울 남산 아래 총독부 청사 2층으로 잠입했다. 지사는 회계과와 비서과에 폭탄을 투척했다. 비서과에 투척한 폭탄은 불발했지만 회계과에 던진 폭탄은 대단한 굉음을 내면서 폭발하여 건물 일부를 파괴했다. 김익상은 유유히 북경으로 돌아갔고 일제는 총독부 건물이 파괴되었다는 점에서 큰 충격을 받았다.

　의열단은 일본 육군대장 다나카田中義一가 1922년 3월 28일 상해 황포탄黃浦灘에 온다는 정보를 알고 암살 계획을 세웠다. 1선은 오성륜吳成崙, 2선은 김익상, 3선은 이종암이 맡기로 했다. 오성륜이 배에서 내려 걸어오는 다나카를 저격했지만 때마침

그의 앞으로 나선 서양 여성이 대신 총탄을 맞고 그 자리에서 즉사했다.

2선의 김익상이 몸을 피해 자동차에 오르는 다나카를 쏘았지만 총알은 그의 모자만 관통하고 지나갔다. 3선의 이종암이 앞으로 달려들면서 폭탄을 던졌지만 자동차 뒤에 떨어진 채 불발되고 말았다.

이종암은 탈출했지만 김익상과 오성륜은 붙잡혔다. 그 후 오성륜은 탈옥했다. 김익상은 일본으로 끌려가 20년 징역을 살고 출옥하지만 일본 형사에게 연행되어 암살당한다.

1923년 1월 12일 김상옥金相玉 지사가 종로경찰서에 폭탄을 투척했다. 그 후 지사는 삼판통(후암동) 고봉근高奉根의 집에 은신해 있었는데 종로경찰서 우메다梅田 경부 등 20여 명의 일본 경찰이 포위했다. 지사는 혼자 그들과 총격전을 벌여 다무라田村 형사부장 등을 살상하는 전과를 올리고 남산 쪽으로 탈출, 그 이후 효제동 이혜수李惠受 집에 은신했다. 1월 22일 새벽 경기도 경찰부장 우마노馬野 등 수백 명의 일본 경찰이 은신처를 포위했다. 지사는 또 홀로 접전을 벌여 서대문경찰서 구리다栗田淸造 경부 등 여럿을 사살했지만 마침내 총탄이 한 발밖에 남지 않았다. 지사는 최후의 총탄으로 자결하였다.

1923년에는 '제 2차 암살 파괴 계획', 이른바 '황옥黃鈺·김시현金始顯 등의 폭탄 반입 사건'을 추진했다. 조선총독부 등 일제 관공서와 총독 사이토齋藤實 등 일제 고관을 대상으로 하는 제 2차 파괴 암살 계획의 추진이었다.

의열단은 독일·헝가리 등 여러 나라의 폭탄 기술자를 초빙하여 상해에서 성능 좋은 폭탄들을 제조했다. 완성된 폭탄을 국내로 들여오기 위해 일단 톈진天津으로 운반하였다. '조선혁명선언'과 '조선총독부 관공리에게'라는 인쇄물도 함께 옮겼다. 당시 김시현은 경기도 경찰부에 경부로 근무 중인 비밀당원 황옥과 거사를 함께 하기로 결의가 되어 있었다.

1923년 3월 12일 오전 6시, 김시현, 황옥, 김재진金在震, 권동산權東山 등 4명은 폭탄 18개와 권총 5정을 가지고 서울을 향해 출발했다. 나머지 폭탄 18개와 유인물은 안동현 홍종우洪鍾祐의 집과 신의주 조동근趙東根의 집에 숨겨두었다. 하지만 이때는 이미 평안북도 경찰부 고등과 김덕기金悳基에게 매수된 김재진이 일본 경찰에 밀고를 한 뒤였다. 홍종우, 백영무白英武, 조동근, 조영천趙英千 4명이 체포되고 폭탄과 선언서 등을 압수당했다. 서울에 도착한 김시현·황옥 등 10여 명도 경기도 경찰부에 체포되고 폭탄도 모두 빼앗겼다.

1924년에는 김지섭金祉燮 지사가 동경 니주바시 사쿠라다몬二重橋櫻田門에 폭탄을 투척했다. 일본 천황이 사는 궁성을 파괴하겠다는 야심찬 거사였다. 1923년 12월 20일 3개의 폭탄을 품고 상해를 출발했던 김지섭은 이듬해인 1924년 1월 5일 저녁 궁성 니주바시 앞까지 갔다. 지사는 폭탄 셋을 차례로 궁성을 향해 던졌으나 모두 불발되고 말았다. 그는 무기징역을 선고받고 복역 중 20년으로 감형되지만 1928년 2월 약해진 몸을 이기지 못하고 옥사하였다.

1926년 12월 28일에는 나석주羅錫疇 지사가 동양척식회사 및 조선식산은행에 폭탄을 투척했다. 나석주는 김창숙이 준 자금으로 1926년 7월 하순 톈진天津에서 권총과 폭탄을 구입한 후 12월 26일 인천에 도착했다. 그는 12월 28일 하오 2시경

식산은행에 폭탄 1개를 던지고, 다시 동양척식회사로 가서 폭탄을 투척한 뒤 권총을 난사하여 여러 명의 사원을 사살하였다. 일본 경찰들이 몰려왔고, 지사는 경기도 경찰부 경부보를 사살한 다음 마침내 자결했다.

1927년 10월 18일에는 장진홍 지사가 조선은행 대구지점에 폭탄을 배달하여 터뜨렸다(173쪽 참조). 대구에는 장진홍 의사 의거지 외에 또 다른 의열단 유적도 있다. 이종암 지사 관련 남산동 집과 그가 독립군 군자금을 확보한 대구은행 터(89쪽 참조)가 바로 그곳이다.

이종암李鍾巖은 이종암李鍾岩, 이종순李鍾淳, 양건호梁健浩 등 여러 이름을 사용했다. 그는 1896년 2월 24일 태어나 1930년 5월 29일 세상을 떠났다(권대웅 《달성의 독립운동가 열전》. 한편 안동대 《경북독립운동사 7》에는 6월 10일, 국가보훈처 누리집에는 5월 28일로 되어 있다).

지사는 대구공립보통학교를 졸업한 뒤 대구농업학교를 거쳐 부산상업학교에 다녔다. 1916년 대구은행 은행원으로 취직한 후 출납계 주임이 되어 금고 열쇠를 맡았다. 독립운동에 투신하기로 결심한 그는 1917년 만주를 왕래하며 동지들과 함께 조국광복을 위해 투쟁하기로 결의했다. 이때 얻은 동지들이 밀양의 김대지 등으로, 모두 뒷날 의열단을 결성하는 데 핵심 역할을 한 인물들이었다.

1917년 12월 은행돈 1만500원(현재 시세 10억 원 수준)을 수중에 넣은 이종암은 외국 탈출을 도모했다. 처음에는 동지들과 함께 미국으로 유학을 갈 계획이었지만 1차 세계 대전 중이라 불가능했다. 그래서 만주로 갔다.

길림성 영안현 동경성 간민 소학교墾民小學校에 주소를 둔 그는 1918년 2월 봉천성 통화현의 무관학교에 입학했다. 1919년 3·1독립운동이 발발했을 때는 직접 독립운동에 참여하기 위해 교관 서상락徐相洛 등의 동의를 얻어 무관학교를 그만두었다.
　이종암은 1919년 11월 10일 길림성 파호문 밖에서 김원봉 등과 의열단을 결성했다. 이종암이 대구은행에서 가져온 돈은 의열단의 활동 자금으로 유용하게 사용되었다. 돈의 일부는 동지 구영필具榮泌에게 전해져 만주 봉천의 비밀결사 삼광상회三光商會를 설치하는 자본금으로 쓰였다고 전해진다.
　1922년 3월 김원봉·김익상·오성륜 등과 함께 상해에 오는 일본 육군대장 전중의일田中義一을 처단하려 했으나 성공하지 못한다. 1925년 9월 재정 사정이 어려워 의열단 활동이 곤란해지자 이종암은 국내에서 군자금을 모을 계획으로 대구로 잠입하였다. 그러나 1925년 11월 5일 일경에 피체되고 말았다. 그는 1926년 12월 28일 대구지방법원에서 징역 13년형을 언도받고 옥고를 치르던 중 1930년 5월 28일(국가보훈처 '독립운동가 공훈록') 세상을 떠났다. 정부는 그를 기려 1962년 건국훈장 독립장을 추서했다.
　이종암 지사 집터 앞에서 서서 그의 생애와 의열단에 대해 생각해본다. 지사의 집터 일대는 재개발 사업이 추진 중이어서 빈집이 많다. 동네 전체가 사라질 전망이니 이종암 지사 관련 고택도 사라질 것이다(인근에 있던 이육사 고택도 그렇게 사라졌다). 이 고택은 이종암 지사가 죽음 직전 머물렀던 형 이종윤의 집인데 대문에는 '이종암 생가'로 소개되어 있다. 생가지는 팔공산 아래 백안동이다. 틀렸다는 지적이 빗발쳐도 대구시는 바로잡지 않는다. 어둡고 좁은 골목길 안에 갇힌 채 답답한 마음으로 하늘을 쳐다본다. 부서진 지붕의 날선 표정들이 하늘을 날카롭게 찌르고 있다. ☯

중구 중앙대로65길 11 맞은편 이육사 기념관
백마 타고 오는 초인을 기다린 민족시인

이육사는 1904년 5월 18일 경상북도 안동'군' 도산면 원촌리 881번지에서 부친 이가호와 모친 허길의 5형제 중 차남으로 태어났다. 본명은 원록源祿이었고 뒷날 원삼源三 또는 활活이라 하였다.

이원록은 17세(1920년) 이후 대구에 많이 머물렀다. 조양회관에서 민족의식을 키웠고, 1924년 4월부터 1925년 1월까지 동경에서 대학을 다녔다. 1925년에는 대구형무소에 수감 중이던 윤세주의 의열 투쟁에 감화를 받아 형 이원기, 동생 이원유와 함께 의열단에 가입했다.

이원록은 북경까지 왕래하면서 의열단 본부에 국내 정세를 보고하고 군자금을 전달하는 활동을 펼치던 중 1927년 10월 18일 장진홍 의사의 조선은행 대구지점 폭파 의거 때 용의자로 일제 경찰의 지목을 받아 형, 아우와 함께 구속되었다. 이때 미결수 번호가 264번이었다. 그 이후 호를 육사陸史라 하였다.

일제는 이원기를 조선은행 대구지점 폭파 사건의 지휘자, 이원록을 폭탄 운반자, 이원유를 폭탄상자에 글씨를 쓴 범인으로 조작하기 위하여 갖은 고문을 자행했다. 형제들은 장진홍 의사가 일본 대판大板에서 체포된 뒤에야 풀려났다. 그 후 이육사는 존경해온 윤세주가 발행한 중외일보 기자로 활동하지만 고문 후유증이 도져 요양하게 된다. 형 이원기도 평생을 불구로 살았는데, 이육사보다 2년 앞선 1942년에 타계했다.

그 이후 이육사는 북경에 가서 본격적으로 무장 항일 운동을 펼치기로 결심, 1932년 10월 중국 국민정부 군사위원회가 운영하는 간부훈련반인 조선군관학교(교장 김원봉)에 입교한다. 이육사는 1기생 정치조에 들어가 6개월 동안 비밀통신, 선전방법, 폭동공작, 폭파방법 등 게릴라 훈련을 받고 1933년 4월 수료한다.

이육사는 '황혼'을 발표한 1933년(30세)부터 본격적으로 문학 활동을 한다. '청포도'는 1939년에 발표되었고 '광야'는 사후인 1945년에 세상에 알려졌다. 1943년 5월 잠시 귀국했던 이육사는 7월 서울에서 체포되어 북경으로 이송되고, 1944년 1월 16일 북경감옥에서 세상을 떠났다는 통지가 가족들에게 전달된다. 막내동생 원창이 북경으로 갔을 때 이미 일제는 육사의 유해를 한 줌 재로 만들어 작은 상자에 담아놓고 있었다. 생애에 걸쳐 무려 17번이나 감옥에 갇혔던 민족저항시인 이육사. 그는 그렇게 조국의 곁을 떠나갔다.

육사 흉상
(안동 이육사문학관)

2016년 5월 10일 대구시 중구 경상감영1길 67-10에 '264작은문학관'이 문을 열었다. 이육사의 생일인 음력 4월 4일에 맞춰 개관한 것이다. 경북대 박현수 교수 사비로 설립된 264작은문학관의 개관식에는 이육사 시인의 딸 이옥비 여사도 참석했다. 264작은문학관은 안동의 이육사문학관에 이어 시인의 문학세계를 기리는 두 번째 공간으로 탄생했다.

264작은문학관은 일제 강점기 적산가옥을 활용했는데, 1층은 카페와 기획전시실, 2층은 상설 전시공간과 포토존 등으로 구성되어 있다. 물론 시인의 생애와 작품을 알 수 있는 자료들이 전시되었지만, 시인이 생애의 절반 가까이를 대구에서 살았다는 사실과 관련하여 특히 대구와 관련되는 시인의 활동에도 주안점을 두고 있다.

영남일보는 2015년 10월 23일자에 264작은문학관 상량식 기사를 게재하면서 '대구육사문학기념관 상량식 참석한 이육사 시인 외동딸 이옥비 여사'라는 제목을 달았다. 그만큼 이옥비 여사와 동행하며 취재한 기사라는 사실을 강조한 것이다. 기사에 따르면 '육사가 대구에서 처음 거처했던 곳은 실달사(옛 일본 사찰·현 서문로교회) 맞은편으로 숙부 이세호의 집이었다. 그는 이곳에서 잠시 머물다 남산동으로 이사를 갔으며 1937년 서울 명륜동으로 거처를 옮겼다.'

이옥비 여사는 서울에서 태어나 4세 때 아버지를 여의고, 6세 때 어머니와 함께 작은할아버지(이세호) 집에 거주하다 8세 때 현 대구시 중구 삼덕동2가 187-1(현 SK브로드밴드 빌딩)로 이사를 와 1969년 서울로 이주할 때까지 대구에서 살았다. 이 여사는 대구 수창초등을 1년 다니다 2학년 때 삼덕동으로 이사해 동인초등을 졸업하고 제일여중과 대구여고를 졸업했다.

기사는 이옥비 여사가 (서문로교회 정문 맞은편에 있던 이세호의 집으로 들어가는) 골목을 따라가며 옛 기억을 더듬었다고 전한다.

"종로초등학교 뒤 담벼락을 따라 서쪽으로 가면 로터리가 나와요. 거기서 오른쪽으로 곧장 가면 실달사가 있었어요. 실달사 맞은편에 작은할아버지 집이 있었는데 2층 한옥이었습니다. 마당이 꽤 넓었고 우물도 있었는데 지금은 없네요."

여사가 가리킨 곳은 대구시 중구 북성로 60-1로, 지금은 기계공구 가게가 들어서 있다. 인근에는 육사가 자주 드나들던 옛 조양회관 터(달성공원 앞 달성빌딩 유료주차장 일대)도 있다.

이옥비 여사는 "어머니 말씀에 따르면 아버지께선 종종 조양회관에서 주무시고 올 때가 많았다고 그랬습니다. 어릴 때 기억에 늘 경찰이 우리 집 주변을 배회했어요. 아버지와 백부, 숙부가 다 독립운동을 했으니까 감시하느라 그랬겠죠. 저는 경찰서 앞을 지나가기 싫어 일부러 빙 둘러 가기도 했습니다."라고 회고했다.

육사는 남산동 662-35 옛집에 가장 오래 거주했다[13]. 이옥비 여사는 "남산동에 친척집이 있어 가끔 놀러갔습니다. 어른들께서 네 부모님이 살던 집이 저쪽 동네에 있다고 했어요. (중략) 사진을 찍어 놓았어야 했는데 정말 후회가 되네요. 그분들

---

13) 그 터는 아파트를 지으면서 사라졌고, 아파트단지 구석(남산동 651-15번지=중앙대로65길 11 앞)에 '이육사 기념관'이 세워졌다. 이 일로 '264작은문학관'은 없어지고 말았다. '이육사 기념관'이라는 이름은 안동 '이육사 문학관'의 존재를 생각해서 붙여진 것으로 추정된다. 하지만 이 건물은 이육사를 '기념'할 만한 내용을 전혀 갖추고 있지 못하다. 문학 또는 독립운동 관련 행사나 모임을 할 한 뼘의 공간도 없다. 육사의 표현을 원용하자면 "한 발 재겨 디딜 곳조차 없다(시 '절정' 한 구절)". 이육사기념관은 역사적 무의식과 성의 없는 겉치레로 점철된 대구시의 진면목을 확인할 수 있는 참담한 공간이다.

이 살아계실 때 조금만 더 일찍 이곳을 찾아왔더라면 좋았을 텐데…."라고 아쉬워했다.

이옥비 여사는 '아버지에 대해 남아 있는 기억'을 묻는 질문에 "아버지께서 서대문형무소에서 베이징으로 압송될 때 만 3세였다. 이웃에 살던 종조부를 따라 아버지를 마지막으로 뵈었던 기억이 난다. 포승줄에 꽁꽁 묶여 용수(죄수의 얼굴을 보지 못하도록 머리에 씌우는 둥근 통)를 쓴 모습이었다. 중학교 때 삼덕동에 살았는데 창문을 열면 대구형무소가 보였다. 어느 날 죄수들이 포승줄에 묶여 용수를 쓰고 가는 모습을 보고 깜짝 놀란 적이 있는데 아버지 마지막 모습과 너무 흡사했다. 어머니께 말하면 슬퍼할까봐 혼자 끙끙 앓았다. 아버지께서 토종 달걀 빛깔이 나는 아이보리색 양복을 입었던 기억도 난다. 나비넥타이를 맸는데 신사였다. 조풍연 선생이 아버지의 옛 사진을 공개한 적이 있는데 사진 속 아버지께서 내가 기억한 대로 아이보리색 양복을 입고 나비넥타이를 맸더라. 어머니께서 '야야, 니가 내보다 더 여물다'고 했다."라고 회고했다.

'옥비라는 이름이 예쁘다. 이름에 구슬 옥玉이나 왕비 비妃를 많이 쓰는데?'라고 묻자 "아니다. 기름질 옥沃에 아닐 비非다. 아버지께서 직접 이름을 지었다고 하는데 '기름지게 살지 말고 소박하고 검소하게 살'라는 의미다. 독립운동가인 아버지의 유지遺志가 내 이름에 남아 있다.'"라고 말했다. ☯

중구 관덕정길 16 남산교회
교회 벽에 네 사람의 부조가 새겨져 있는 까닭?

교회 벽에 새겨진 백남채 장로, 김태련 장로, 그의 아들 김용해, 이만집 장로 부조

남산교회는 1914년 7월 남성정교회(제일교회)에서 분립했다. 교회 누리집의 연혁에는 '1916년 1월 이만집 장로 장립, 1917

년 9월 이만집 목사 위임(부해리 목사와 공동 시무), 1918년 김태련 장로 전도사로 시무, 1919년 1월 백남채 장로 장립'이라는 기록이 보인다.

이만집 목사, 김태련 장로, 백남채 장로, 김용해 지사 네 분의 얼굴은 2014년 3월, 교회 탄생 100주년을 맞아 건물 벽에 부조로 새겨졌다. 부조 아래 안내판에는 '백남채 장로, 김태련 장로와 김용해 성도, 이만집 목사, 이 분들은 1919년 3월 8일 죽음과 투옥을 두려워하지 않고 대구에서 기미년 독립만세운동을 주도했다. 애국애족의 그 숭고한 정신을 기리기 위하여 여기에 새겨드린다. 2014년 3월 8일 대구남산교회 탄생 100주년을 기념하여, 한기환 작'이라는 해설이 붙어 있다.

건물 벽에는 옛날 종도 하나 부착되어 있다. 이른바 '광복의 종'이다. 이 종은 1945년 8월 19일 11시에 타종되어 시내에 널리 널리 소리를 퍼뜨렸다. 사람들은 '이게 웬 종소리인가?' 하고 놀랐다. 일제는 1938년 교회의 타종을 금지했고, 1942년에는 태평양 전쟁을 앞두고 교회의 종 등 쇠붙이들을 강제로 징수했다. 쇠를 녹여 무기를 만들기 위해서였다. 당시 이문주 목사는 종을 땅에 파묻은 후 헌 종을 하나 사서 그것을 되팔아 현금으로 일제에 헌납했다.

남산교회는 1945년 광복을 맞이하여 본래 종을 땅속에서 다시 꺼내어 해방의 밝은 햇살 아래 타종했던 것이다.

　남산교회는 이 네 분을 포함해 많은 독립지사들을 배출했다. 1919년 3·8만세운동 때 순국한 김용해 지사와 그의 아버지 김태련, 백남채·남규 형제, 이만집·성해 부자, 이덕생·장성희 부부, 강학봉, 박영조, 박인서, 박상동, 김용규, 김용기, 김태도·은도 형제, 곽재란, 한재복, 이우건, 박태현, 김봉충 등 20여 분의 독립지사가 그들이다.

　김태련·용해 부자에 대해서는 영남일보 박진관 기자가 2015년 8월 28일자 신문에 '김태련은 이만집, 백남채와 함께 대구만세운동을 주동했다. 큰장(옛 서문시장)에서 열린 집회 때 독립선언문을 낭독한 그는 2년6개월의 형을 선고받았다. 출옥 후 신간회에 가입해 활동하다가 1931년 일본 교토로 건너가 교회를 설립해 3년간 한글과 성경을 가르치다 일경에 발각돼 강제출국 당했다. 그는 귀국 후 끝까지 신사참배를 거부했다. 아들 용해는 만세운동 때 아버지가 달성군청(현 동성로 대구백화점 일대)에서 피투성이가 된 채 쓰러진 것을 보고 일경에 저항하다 구타당해 실신했다. 고문의 여독으로 그해 3월 29일 순국했다.'라고 보도한 내용을 참고로 읽어본다.

　이만집 목사는 대구 지역 기독교계 자치 운동의 선구자로 일컬어진다. 이만집은 민족대표 33인 중 한 사람인 이갑성으로부터 서울 소식을 전해 들으면서 대구에서 만세운동을 일으키라는 권유를 받고 대구만세운동을 총지휘했다. 그는 체포되어 3년 동안 감옥 생활을 했다.

　그는 일제의 신사참배 강요를 피해 금강산으로 들어가 수양관을 세웠다. 1999년 건국훈장 애국장을 받았으며, 그의 아들 성해 역시 만세운동에 참여해 6개월 투옥된 독립지사이다.

남산교회의 백남채·남규 두 사람도 형제 독립지사이다. 백남채는 만세운동 당시 계성학교 교사였다. 만세운동 주동으로 2년간 복역한 그는 출옥 후 중국으로 가서 벽돌 공장을 하며 임시정부에 자금을 조달했다. 백남채는 서상일이 1922년 대구에 조양회관을 세울 때에도 벽돌을 제공했다. 백남채의 동생 백남규도 중국에서 독립 운동을 했다. 1919년 임시정부 의정원 경상도 대표위원으로 선임돼 군자금 모금 활동에 주력했던 그는 1990년 애족장을 받았다.

이덕생·장성희 부부 지사도 남산교회 사람이다. 이덕생은 '광복의 종'을 숨긴 이문주 목사의 아들로, 1919년 대구만세운동에 참여했고 항일 비밀결사 조직 혜성단[14]에서도 활동했다. 1921년 독립운동지 <신한별보>[15]를 제작·배포하다 출판법 위반으로 1년간 옥고를 치렀다. 이후 중국으로 건너간 그는 의열단[16]에 가입해 활동하면서 부친이 보내온 월 생활비 10원으로 밀가루 1포대만 구입하고 나머지는 군자금으로 쾌척하는 궁핍생활 끝에 1939년 세상을 떠났고, 1999년 건국훈장 애족장을 받았다. 부인 장성희도 임시정부 애국부인회 부회장으로서 독립

---

14) 1919년 4월 17일 계성학교 학생들이 중심이 되어 결성한 항일 비밀 결사체로, 관리와 자산가들에게 경고장 등을 배포하다가 일제에 체포되어 1년6개월~4년의 징역을 살았다. 85쪽 참조.

15) 신암선열공원에 안장되어 있는 김천의 김교훈 지사도 이 신문을 배포하며 독립운동 군자금을 모으다가 체포되어 옥고를 치렀다.

16) 33쪽, 89쪽 참조

운동에 매진했다.

　박영조 목사는 경주 도동리교회(현 경주제일교회) 목사로 재직 하던 1919년 3월 15일 경주만세운동을 주도했다. 체포되어 대구형무소에서 1년 동안 수감 생활을 했고, 출소 후 남산교회 담임목사로 시무했다. 1995년 건국훈장 애족장이 추서됐다.

　1919년 영주만세운동을 주도한 박인서 장로는 마포형무소에서 2년 동안 수감 생활을 했다. 형무소에서 기독교 신자가 된 그는 출소한 1923년 이래 대구에서 기독교서적 판매업을 했다. 1945년에는 끝까지 신사 참배를 거부한다는 이유로 다시 투옥되어 처형 직전까지 몰렸으나 때마침 광복이 되면서 풀려났다. 그에게는 다음과 같은 유명한 일화가 전해온다.

　1950년 6·25전쟁이 일어났고 인민군들이 대구(북쪽 다부동)까지 밀고 내려 왔었다. 이때 유엔군과 국군이 후퇴를 하게 되었고 낙동강 최후의 방어선에 피난민들이 집결하고 있었다. 이때 박인서 장로는 신분을 확인 길이 없어서 '믿는 사람(기독교 신자)'들은 따로 모이게 하고 예수 안 믿는 사람들을 먼저 낙동강을 건너게 했다. "예수 믿는 사람들은 여기서 죽게 되면 천국으로 직행하는데 무엇이 급하다고 피난을 갑니까?" 하고 안 믿는 사람들을 먼저 보냈다고 한다. (김수진 목사, 2013년 2월 2일 한국장로신문)

　김용규 목사는 1918년 대한광복회에 가입했고, 1920년 임시정부 군자금을 조달하다 일제에 체포되었다. 1925년 목사가 된 그는 선교사를 통해 미국의 헐 국무장관에게 일본의 학정을 폭로하고 한국의 독립을 지원해 달라고 요청했다. 그 후에도 신사참배를 거부하다가 옥고를 치르는 등 해방 때까지 모두 37차례나 피검 또는 투옥됐다.

계성학교 재학 중 대구만세운동으로 1년 동안 대구형무소에 갇혔던 박태현 전도사도 있다.

박상동 목사는 1919년 대구만세운동에 참여해 1년 동안 투옥됐다. 그 후 1943년에도 신사참배를 거부하다 또 다시 체포되어 1년6개월 동안 옥고를 치렀다.

강학봉은 1919년 대구만세운동 당시 만경관 인근에서 제화점을 경영하고 있었는데, 종업원 30여 명을 이끌고 만세 시위의 선두에 섰다가 6개월 수감 생활을 했다. 본래 대구복심법원에서 2년형을 선고받았지만 6개월 만에 병보석으로 풀려났다.

김은도는 한국신학교 재학 중 항일정신을 고취한 설교로 체포되어 투옥됐다. 그는 1945년 1월 인천형무소에서 순국했다.

곽재관 목사는 1939년 일본 유학 중 '독서회'를 조직해 활동했고, 1941년 귀향해서는 대구사범학교 다혁당[17] 회원들과 교류했다. 초등학교 교사로 부임한 이후에는 학생들에게 독립정신을 고취하다 일제에 체포되어 1942년 대전형무소에서 복역했다. 병보석으로 풀려났지만 1944년 재판장에 맞서다가 재수감되어 소위 '치안유지법' 위반으로 1년 징역을 살았다. 1990년 건국훈장 애족장이 추서됐다. ☯

---

17) 20쪽 참조

중구 문우관길 65 보현사, 덕산정시장
동화사 청년 학승들이 대구 최대 시위를 준비한 곳

1919년 3월 28일 팔공산 동화사 지방학림學林(승가대학) 청년 학승들이 심검당에 모여 독립만세운동을 펼치기로 결의한다. 서울 중앙학림의 윤학조(25세, 공산면 진인동 출생)가 고향으로 내려와 전국 상황을 전하면서 독려한 데 힘입은 결과였다.

남산교회에서 동부교육청 담장을 따라 200m가량 가면 보현사가 나타난다.

허선일(23세), 권청학, 김종만, 이기윤(이상 21세), 김문옥, 김윤섭, 이보식(이상 20세), 이성근, 박창호(이상 19세) 학승들은 처음에는 동화사 아래 백운동을 거사 장소로 생각하다가, 군중이 운집할 수 있는 대구 중심부 덕산정시장(동부교육청~관덕정~구 적십자병원 일원)에서 장날에 맞춰 궐기하기로 정했다.

학승들은 3월 29일 반월당 아미산 포교당(보현사)에 가서 태극기를 만든 후 30일 덕산정시장에 뛰어들어 태극기를 휘두르며 만세를 불렀다. 참가 군중이 점점 늘어나 3,000명에 이르러 1919년 대구 독립만세 최대 규모가 기록되었다.

일제 경찰의 무력 진압으로 시위는 종료되고, 주동자인 학승들은 모두 피체되어 대구형무소를 끌려가 고문을 당하고 10개월씩 실형을 살았다. 보현사 벽에는 학승들의 시위를 그린 전광벽화가 걸려 있어, 특히 밤에 가면 신비로운 느낌마저 든다.

1916년 9월 김진만, 김진우, 정운일 등은 부호 서우순에게 군자금을 거두던 중 체포된다. 이른바 '대구 권총 사건'이다. 반월당 삼성빌딩 앞 도로변은 김진만, 김진우 지사 집터이다.

중구 달구벌대로 2018-22 염매시장 일원
대구 1919년 만세운동의 불꽃이 다시 타오른 중심지

    1919년 3월 10일 만세운동 유적지 1919년 3월 8일 대구에서 만세운동이 일어난다. 대구 사람들은 서문시장(현재 위치가 아니라 동산병원 네거리와 대구은행 북성로지점 사이 일대)에서 출발하여 서문로를 걸어 대구경찰서(현 중부경찰서)로 나아가며 "대한독립만세!"를 외쳤다. 시위 군중은 식산은행 대구지점(대구근대역사관) 네거리에서 우회전하여 종로로 들어섰다가, 다시 대구읍성의 남장대 터(중앙파출소)를 지나 달성군청(대구백화점 일대)까지 전진했다. 지금 남구 이천동의 '캠프 핸리' 자리에 주둔하고 있던 일본군 보병 80연대가 기관총 등으로 무장한 채 긴급 출동했고, 결국 시위대는 끌려가고 폭행당하여 흩어졌다.

    이날 잡혀가지 않은 사람들이 3월 10일 다시 만세운동을 일으켰다. 계성학교 교사 김영서와 김삼도(신암선열공원 안장), 박태현(신암선열공원 안장), 박성용, 박재헌 등의 학생들, 전당포 업자 김재병, 농민 이덕주 등은 염매시장과 덕산정 시장(남산교회와 관덕정 일대)에서 남산교회 신도들과 일반 시민들을 규합해 "대한독립만세!"를 부르짖었다. 이틀 시위로 모두 225명이 일본 경찰에 끌려갔고 76명이 실형을 언도받았다. 76명 중에는 계성학교 학생 36명(당시 전교생 46명)과 대구고보(현 경북고) 학생 7명이 포함되어 있었다.

그 후에도 대구 사람들은 일제에 굴복하지 않았다. 계성학교의 재학생과 졸업생들은 혜성단을 결성해 시장 철시 운동과 독립군 군자금 모금 운동 등을 펼쳤다(85쪽 참조). 대구고보 학생들도 끈질긴 동맹 휴학 투쟁으로 일제에 대항했다. 1922년~1936년 대구고보 입학생들은 50%밖에 졸업하지 못했다.

김진만·진우 형제 지사 집터 1919년 3월 10일 독립만세운동의 현장인 염매시장 입구 오른쪽의 반월당 네거리 중심부는 김진만金鎭萬·김진우金鎭瑀 형제 독립지사의 집터 유허이다. 지금은 집도 없고 집터도 없이 그저 도로와 인도만 조성되어 있어 답사차 현장에 들러도 일제 강점기의 느낌은 찾을 길이 없다.

1876년 8월 24일과 1881년 7월 1일에 각각 출생한 형제는 세칭 '대구 권총 사건'으로 8년여에 이르는 감옥 생활을 한 독립운동가들이다. 1977년에 각각 건국훈장 독립장과 애국장을 추서받았다.

형제는 1910년대의 대표적인 국내 혁명단체였던 광복회光復會 회원으로 활약했다. 대한광복회는 풍기 광복단豊基光復團과 조선국권회복단朝鮮國權恢復團 인사들이 1915년 8월 25일 대구 달성공원에서 두 단체 등을 통합하여 조직한 결사로, 비밀·폭동·암살·명령을 행동강령으로 삼고 군자금을 조달하여 국내의 혁명 기지를 확보하는 한편 만주의 독립군 기지에서 혁명군을 양성함으로써 적당한 기회를 맞이했을 때 폭동으로 독립을 쟁취할 계획을 가지고 있었다.

광복회는 조직 확대와 더불어 총사령 박상진朴尙鎭의 지휘 아래 군자금 조달에 힘을 쏟았다. 김진만은 군자금을 모집하기 위해 1916년 9월 4일 권총을 휴대하고 김진우金鎭瑀·정운일鄭雲馹·최병규崔丙圭 등과 함께 자신의 장인인 대구 부호 서우순徐祐淳의 집에 숨어들었다. 그 과정에서 그 집 머슴과 격투가 벌어졌고, 김진우가 머슴에게 권총을 발사함으로써 사정이 여의치 않게 돌아갔다.

김진만 일행은 일단 피신했지만 곧 일경에 체되었고, 1917년 6월 18일 대구복심법원에서 징역 10년과 12년을 언도받아 각각 8년여의 옥고를 치렀다. 이를 흔히 '대구 권총 사건'이라 불렀다.

김진만 지사의 둘째아들 김영우도 1920년 12월 중국으로 건너가 독립운동에 투신했다. 그는 1921년 3월 조선총독부 등을 폭파할 목적으로 서울로 돌아와 준비하던 중 체포되었다. 그해 7월 9일 징역 3년을 언도받았고, 만기 출소해 대구에서 노동운동에 매진하던 중 건강 악화로 1926년 7월 16일 33세 젊은 나이에 세상을 떠났다. 그의 장례는 1926년 7월 21일 대구 최초의 사회운동단체연합장으로 치러졌다.

김영우의 장남 김일식도 대구고보 재학 중이던 1928년 동맹휴학 사건으로 퇴학을 당했다. 그 이후 김일식은 1931년 6월 사회과학연구회, 11월 '적색 노동조합건설 대구협의회' 결성을 주도했다. 그는 1932년 일제에 체포되어 소위 '치안유지법' 위반으로 2년 6개월의 징역을 살았다.

오늘날 3대 독립지사 가문의 유허인 덕산동 668-17번지는 지번조차 멸실되어 버렸고, 그 터에는 할아버지·아버지·아들 3대에 걸쳐 쟁쟁히 이어진 독립운동의 정신적 자취도 찾을 길 없이 묘연하다.

최제우 처형지 반월당 네거리에서 염매시장 입구로 들어가는 길목 중 한 곳에 필수 답사 유적지가 있다. 민족 자주를 위해 일어난 1894년 갑오농민전쟁의 뿌리 동학을 창시한 최제우를 기리는 비가 2017년 5월 26일 현대백화점 앞 인도에 세워졌다. 〈동학 교조 수운 최제우 순도비〉라는 이름의 이 비는 '수운 최제우 대선사 순도비 건립위원회(위원장 박위생)'가 건립했다.

순도비가 이곳에 세워진 것은 최제우의 순교지인 관덕당觀德堂 뜰이 바로 이웃이기 때문이다. 관덕당은 경상감영이 관할하던 국사범國事犯(정치범)을 처형하던 곳으로, 1933년에 간행된 《천도교 창건사》에 따르면 최제우는 '1864년 3월 2일(음) 대구읍성의 남문 앞 개울가에 있는 관덕당 뜰에서 참형되었다.'

순도비에서 북동쪽으로 20m가량 떨어진 달구벌대로 2085의 동아쇼핑센터 주차장 출구 앞에는 중구청에서 세운 '관덕당 옛터' 안내판이 너무나 초라한 모습으로 서 있다. 먼지가 잔뜩 쌓인 안내판을 한번 쓰다듬어 본다. ☯

관덕당 옛터

관덕당(觀德堂)은 경상감영이 관할하는 국사범을 공개처형하던 곳으로 1749년 경상도 관찰사 민백상이 무과시험장인 도시청(都試廳)을 건립하면서 세워졌다. 조선 후기에는 선무군관과 별무사를 선발하던 군사훈련장 이었고, 1895년 갑오개혁 이후 진위대로 개편되었다. 1907년 진위대 해산 이후 일본군이 잠시 사용하다가 해방되면서 헐려 없어졌다. 1933년 간행된 '천도교 창건사'에는 동학 창시자 수운 최제우가 1864년 대구 읍성의 남문 앞 개울가(대구천)에 있는 관덕당 뜰에서 참형되었다고 묘사되어 있다. 현재의 관덕정은 1990년 천주교순교기념관으로 건립된 것이다.

진골목, 약전골목 교남YMCA
시내 중심가 두 골목, 일제 강점기에는 어땠을까

    대구권총사건 유적(진골목 한옥 카페 '한국의 집') 반월당 네거리에 파묻혀 있는 김진만 형제 독립지사 집터 유허, 1919년 3월 10일 독립만세운동 장소 염매시장 입구, 동아쇼핑센터 주차장 출구 앞 동학 교주 최제우 순도지 안내판 및 현대백화점 앞 인도 위 순도비를 본 후 약전골목으로 들어선다. 친일파 대구군수 박중양이 대구읍성을 철거한 1906~7년 이전까지 대구읍성의 정문이었던 영남제일관[18]의 터를 지나 종로로 내려간다. 얼마 전까지만 해도 약전골목의 중심지 네거리답게 '대남한의원'이라는 현판을 달고 있었지만 이제는 'EDIYA COFFEE'라는 서양식 간판을 번쩍이고 있는 중구 종로 17 건물의 모서리 바닥에는 이곳이 영남제일관 터라는 사실을 적시해놓은 작은 표지석 하나가 사람들의 발길을 피해가며 앉아 있다.

    영남제일관 표지석에서 종로로 30m쯤 내려가면 오른쪽 골

---

    18) 경상도와 전라도에서 서울로 가려면 대구 영남제일관과 전주 호남제일관을 지나야 했다. 호남제일관은 지금도 굳건히 남아 있지만(보물) 영남제일관은 박중양이 파괴해버렸다. 1980년 영남제일관을 다시 짓지만 본래 위치와 무관한 동구 망우당공원에, 그것도 정면 5칸의 큰 누각을 호남제일관처럼 3칸으로 만드는 바람에 복건의 의미는 상당 부분 사라져버렸다.

목으로 진입하는 입구가 나타난다. 주소가 종로2가 91-4번지인 입구 우측 건물에는 '진골목길 2'라는 지번 번호판이 붙어 있다. 그런 번호판이 붙은 것은 이 골목길이 예로부터 '진골목'으로 불려왔기 때문이다. 진골목은 질퍽질퍽한 골목이 아니라 '긴' 골목을 의미한다. '길다'의 '긴'을 경상도 발음으로 소리낸 '진'이 '골목' 앞에 붙은 결과이다.

진골목은 본래 대구 부자들이 밀집해서 살았던 곳이다. 당시 조선인 최고 부호였던 서병국의 저택(종로2가 31, 현 화교협회 건물), 현재 '진골목 식당'으로 사용되고 있는 700평 한옥 서병원의 저택(남일동 66, 뒷날 코오롱 창업주 이원만 거주), 1937년 건립된 2층 양옥 서병직 저택(남일동 141, 뒷날 정필수 원장이 매입하여 의원으로 사용했고, 지금도 '정 소아과' 간판이 서 있다), 600평 넓은 땅의 서철균 저택(남일동 126 일대, 뒷날 정치인 신도환 거주) 등 대저택들이 즐비하다. 그들 중 한옥 카페 '한국의 집'이 (55쪽에 소개한) 대구권총사건의 현장 서우순(의 첩의) 집이다.

대구권총사건에는 듣는 이의 마음을 아프게 하는 두 가지 실화가 남아 있다. 첫째, 서우순의 아들 서상준의 비극이다. 아버지 첩의 집을 습격할 때 그도 참여했는데, 동지들과 함께 하자니 친일부호 아버지를 비난해야 하고, 아버지를 편들자니 동지들을 배신해야 하는 괴로움을 이기지 못하고 결국 자살했다. 둘째, 대구 앞산 큰골에 '순국 기념탑'이 세워져 있는 이시영李始榮(1882~1919)의 짧은 생애이다. 권총사건 때 체포되어 대구 감옥에서 옥살이를 한 그는 출옥 후 만주로 가서 독립운동에 매진하지만 이내 병으로 세상을 떠났다.

진골목의 국채보상운동 부인들 이 골목에도 나라를 살리려고 애를 태웠던 선조들의 삶이 서려 있다. 1907년 2월 21일 지금의 콘서트 하우스 자리에서 '국채國債보상운동 대구군민대회'가 열려 나라빚國債 갚기 국민 모금 운동이 시작되자(오른쪽 사진: 당시를 기념해 콘서트하우스 앞에 세워진  조형물), 이틀 뒤인 2월 23일 이곳 진골목의 부인 일곱 명도 '남일동 패물 폐지 부인회'를 결성했다. 남자들이 금연을 통해 모은 돈을 국채 갚기에 보탠다고 하니 담배를 피지 않는 여자들은 패물을 팔고 폐지를 모아 힘을 보태자고 결의했던 것이다.

중구 남성로 24 '대구 구 교남YMCA 회관'

교남YMCA 진골목에서 돌아나와 약전골목으로 올라온다. 영남제일관 터 표지석에서 오른쪽으로 약전골목이 펼쳐진다.

약전藥廛이 약藥을 파는 가게廛이니 약전골목은 한약방이 많은 거리이다. 이곳에 약전골목이라는 이름이 붙은 것은 1908년으로, 1658년 경상감영 객사 앞에 처음 형성되었던 약령시가 박중양의 대구읍성 파괴 이후 이곳으로 이전되면서 차차 새 이름 '약전골목'을 얻었다.

박중양이 성곽을 궤멸시키자 그 자리에 길이 생겨났다. 중앙파출소 자리의 남장대南將臺(장수가 지키는 남쪽의 지휘소)에서 대구역 맞은편 대우빌딩 뒤 동장대東將臺까지는 동東쪽 성城벽이 무너진 터에 생긴 길路이라 하여 동성로東城路가 되고, 동장대에서 대구은행 북성로 지점 앞의 북장대까지는 북성로가 되었다. 북장대에서 약전골목 끝 약령서문西門 자리의 서장대까지는 서성로가 되고, 서장대에서 동장대까지는 남성로가 되었다. 남성로가 곧 약전골목이다.

약전골목의 본명 약령시藥令市는 약藥을 파는 약시藥市와 관공서 소모품令을 공급하는 영시令市 기능을 동시에 수행하는 시장을 가리킨다. 본래 경상감영 옆에 설치된 약령시로서는 관공서 물품 취급이 '맡은 바 임무'였다. 즉 약령시는 자연발생적으로 형성된 시장이 아니라 1658년 당시 관찰사 임의백의 명령을 받아 계획적으로 만들어진 관제 시장이다.

일제 총독부는 1941년 약령시 개장을 금지했다. 그 후 대구 약령시는 존재감을 잃은 채 지지부진한 상태로 명맥을 이어오다가 1978년 들어 다시 현대적으로 재개장했다.

> **신간회 대구지회 활동의 터전**
> # 교남 YMCA 회관
>
> **新幹會**
>
> 여기는 1927년 9월 3일 설립된 일제 강점하 국내 최대 항일민족 운동단체인 신간회의 대구지회가 활동한 곳이다.
>
> 신간회 대구지회는 강연회와 사상강좌, 노동야학 운영, 재만동포 폭압 규탄, 영남친목회·경제연구회 반대 등을 통해 항일 민족의식 고취와 민족협동전선 형성에 힘썼다.
>
> 2017. 9. 6
> 신간회기념사업회, 조선일보, 대구 YMCA
> 특별후원: 방일영문화재단
> 후원: 국가보훈처, 광복회, 대구광역시

약전골목의 중간쯤 되는 중구 남성로 24번지에 있는 교남YMCA 건물 앞에는 작은 빗돌이 하나 세워져 있다. 빗돌에는 '신간회 대구지회 활동의 터전 - 교남YMCA회관'이라는 제목 아래 '여기는 1927년 9월 3일 설립된 일제 강점하 국내 최대 항일 민족 운동 단체인 신간회의 대구지회가 활동한 곳이다. 신간회 대구지회는 강연회, 사상 강좌, 노동야학 운영, 재만 동포 폭압 규탄 등을 통해 항일 민족의식 고취와 민족협동 전선 형성에 힘썼다.'라는 글이 새겨져 있다.

약전골목 대표 독립운동 유적은 교남YMCA 건물이다. 1919년 3월 10일 만세운동이 일어난 염매시장~남산교회 일원, 민족시인 이상화가 1943년 4월 25일 세상을 떠난 계산동2가 84번지 '상화 고택', 상화고택 바로 옆 계산동2가 90번지에 있는 시인의 형 이상정 장군 고택, 상화고택 맞은편 계산동2가 100 서상돈 고택 등은 대구읍성 남쪽 성곽 밖에 있었으니 소재지가 약전골목이 아닙니다. 이는 대구읍성 남문 영남제일관의 터가 약전골목 중심부 네거리에 있다는 사실을 보면 가늠할 수 있다. 교남YMCA의 주소도 '남성로 24'이다.

교남YMCA 건물은 국가등록문화유산이다. '대구 구 교남YMCA 회관' 앞에는 '(이 건물은) 일제 강점기 3·1만세운동 당시 주요 지도자들의 회합의 공간이었으며, 물산장려 운동

(대략 '국산품 애용 운동'), 기독교 농촌 운동, 신간회 운동 등 기독교 민족 운동의 거점 공간으로 사용된 역사적 장소이다. 1914년에 건립된 2층의 붉은 벽돌 건물로 1층과 2층 사이를 돌림띠로 장식하고, 창호 상부는 아치로 안방을 확보하여 사각형의 창문을 설치하는 등 1910~20년대 조적조組積造(벽돌이나 블록 등을 쌓아 벽을 만드는) 건축의 특징을 잘 간직하고 있다.'라는 안내판이 세워져 있다.

대구YMCA가 펴낸 《대구YMCA 80년사(1999년)》는 교남YMCA가 대구 독립운동사에서 어떤 의미를 지니는지 잘 설명해준다.

1919년 3월 8일 : 이만집, 김태련, 김영서, 백남채 등 교남기독교청년회의 창립 지도자들이 대구 지역 3·1독립만세운동을 주도, 지도자 대부분이 투옥되면서 활동과 사업이 일시 중단됨. (교남YMCA 창립 발기인은 모두 12명으로 그 중 9명이 조선인이었다. 그 9명 가운데 이만집, 김태련, 김영서, 백남채, 정광순, 권희윤, 이재인 등 7명이 남산교회 소속이었는데 모두 1년 이상 투옥되었다.)

이원우
대구YMCA
10대 총무

1921년 봄 : 이만집 목사 등 만세운동으로 옥고를 치르던 지도자들이 출감하여 교남기독교청년회 재건 작업 개시.

1929년 11월 : 광주 학생의거 때 당시 계성중 학생이던 이원우 등이 대구 지역의 학생 만세 시위를 주도.

1934년 가을 : 교남기독교청년회 소년부 간사였던 최문

식과 계성중 학생기독교청년회 임원이었던 이재복 등이 기독교사회주의 비밀결사 사건의 주도자로 검거되어 투옥.

교남YMCA와 마주보고 옛 제일교회가 있다. 1933년에 건축된 이 건물은 대구시 유형문화유산으로 지정되어 있다. 여름철이면 푸른 빛으로, 가을이면 붉은 빛으로 고색창연한 아름다움을 뽐내었던 건축물이지만, 지금은 담쟁이를 모두 잃은 채 벌거벗은 몸으로 창공을 찌르고 있어 뭔가 어색하게 느껴진다.

물론 이 예배당을 처음 보는 사람은 그런 느낌을 받을 일도 없을 것이다. 동산병원 뒤 '청라 언덕'에 2002년 완공한 새 건물로 이사를 떠난 뒤 예배를 보지 않는 이 건물은 이제 예배당은 아니다. 그런 까닭에, 종교 시설의 신비로운 분위기는 반쯤 사라졌다. 하지만 이곳에서 분립되어 나간 남산교회 사람들은 대단한 독립투사들이었다. 제일교회 구관과 교남Y 건물 앞에서 두 번 묵념을 올린 뒤 약전골목 서쪽 끝의 서장대 터(약령서문)를 향해 걷는다. 서문을 등지고 섰을 때 정면으로 보이는 서성로 네거리는 서상한 독립지사의 집터 유허이다. ☯

대구읍성 서장대 터의 약령서문

서상한 생가터, 허무당 선언서 작성지
암살과 폭파로 독립의 길을 찾았던 두 독립지사

서상한 지사 생가터 서상한徐相漢(1901~1967) 지사는 서상일徐相日 지사의 동생이다. 대구고등보통학교에 재학 중이던 1918년 일본 동경 명치明治대학에 유학하여 경제학을 전공했고, 정칙正則영어학교에도 진학했다. 그는 학비 문제를 해결하기 위해 신문배달, 공원, 우체부 등으로 일하면서 고학하였다. 당시 그는 노령에서 크게 활약 중이던 친형 서상일의 영향을 받아 늘 항일 운동에 헌신할 것을 결심하고 있었다.

이윽고 서상한은 1920년 1월 유진걸·김낙준 등의 동지들과 함께 '동경 노동 동지회'를 조직했다. 동경노동동지회는 동경의 '고학생 동우회'와 긴밀한 사이였다. 그는 이들 단체를 중심으로 항일투쟁을 계획하였다. 먼저 매국노들의 간교한 계책에 따라 이루어지는 영친왕榮親王(1897~1920, 고종의 일곱째 아들)과 일본 황족 이본궁방자梨本宮方子의 결혼이 장차 우리나라의 독립에 큰 장애가 될 것으로 판단했다. 그래서 4월 29일 결혼식에 폭탄을 투척하기로 결심했다.

2월부터 서상한은 동지 양주영 등과 함께 폭탄 제조에 들어갔다. 물고기를 잡는다는 핑계로 일본인 학생 금정생랑今井生郎·

상촌흔작上村欣作의 도움을 얻어 폭탄을 만든 후 왕자원王子原에 가서 실험을 하였다. 폭탄의 위력은 양호했다.

그는 중앙대 학생인 신 모와 거사 장소에 잠입할 방법에 대해 논의했다. 신은 우체부로 가장하면 된다면서 배달부 옷 한 벌을 구해 주었다. 하지만 신은 일본의 밀정으로 암약하고 있던 자였다. 신의 밀고로 서상한은 4월 11일 체포되었고, 금고 4년형의 옥고를 치렀다.

출옥 후인 1922년 초 다시 유진걸 등과 함께 고학생 동우회의 분신으로 형설회螢雪會를 조직했고, 그 후 아나키스트 클럽인 동경 흑우연맹黑友聯盟과 제휴하여 노동 운동에 전념했다. 그는 줄곧 일본에 거주하면서 투옥된 독립지사들의 뒷바라지를 하는 등 여러 방법으로 항일 운동에 복무했다. 1967년 동경에서 세상을 떠나자 재일교포들은 그를 사회장에 준하는 예로 장례를 치렀다. 정부는 고인의 공훈을 기려 1963년에 건국훈장 독립장을 추서하였다.

그의 생가터는 '경상북도 대구부 서성정 15번지'로 확인된다. 약령서문을 등지고 서성로 네거리를 바라본다. 지사의 생가와 집터는 도로에 편입되어 네거리 아래 흙 속으로 자취도 없이 사라졌지만 그의 변함없는 독립정신만은 여전히 뜨거운 기운을 뿜으며 하늘로 솟구치고 있는 듯 느껴진다. 지사의 명복을 빈다.

허무당 선언서 작성지 서성로 28(계산동2가 1-1, '경상북도 대구부 명치정 2정목 1')은 무정부주의 운동에 가담하고 있던 윤우열尹又烈이 1925년 11월 이래 '허무당虛無黨 선언서'를 작성한 그의 자택 터이다.

  윤우열은 서울 중동학교, 조선 중앙 기독교 청년회YMCA 영어과, 동경 세이소쿠正則 영어학교 속성과 등을 다녔다. 재학 중 그는 제국주의 타도와 신사회 건설을 목표로 하는 무정부주의·사회주의에 관심을 갖고 관련 서적을 탐독해갔다. 윤우열은 1920년대 중반 신사상을 수용하고 일본 제국주의에 반대하여 청년운동을 전개하다 체포되어 옥고를 치렀다.

  1924년 서울 청년회에 가입하는 한편 대구에서 제4청년회第四靑年會 조직에 참여하여 집행위원으로 선출되었다. 청년층의 단결과 교육훈련을 목표로 삼은 제4청년회는 노동·농민·부인·형평·소년운동 등을 적극 지원코자 하였다. 윤우열은 이후 철성단鐵城團·대구 노동 공제회大邱勞動共濟會·대구 청년 동맹大邱靑年同盟, 경북 사회운동자 동맹慶北社會運動者同盟, 자유노동자 조합自由勞動者組合 등에서 활동하며 대구·경북 지역 사회운동을 선도했다.

  그는 서울에서 조선 청년 총동맹朝鮮靑年總同盟 집행위원 및 조선 노농 대회朝鮮勞農大會 준비위원으로 선출되기도 했다. 이윽고 1926년 1월 윤우열은 허무당 선언서를 발표하였다. 1925년 4월 곽철郭澈 등이 무정부주의를 주창하며 흑기연맹黑旗聯盟을 조직하였다가 검거되자 이에 자극을 받았고, 동지를 규합하여 일제에 대한 무력 행사를 실현하고자 선언서를 준비했다. 선언서는 폭파, 암살, 방화 등의 직접적인 투쟁으로 혁명을 완수하자는 내용으로, 신채호의 <조선 혁명 선언>과 비슷했다.

  윤우열의 동지 하은수河銀水는 1926년 1월 2일과 3일 서울조선청년총동맹사무소와 한성강습원에서 강사 안병희安秉禧의 도움을 얻어 허무당 선언서를 등사했다. 선언문 일부를 읽어본다.

(조선은) 이중삼중으로 폭악한 적의 박해를 받고 있다.
　(조선은) 착취와 학대와 살육과 조소와 모욕이 있을 뿐인 암흑한 수라장이다.
　불안과 공포로서 신음하고 있는 이때에 폭파·방화·총살의 직접 행동을 주장하는 허무당이 분기하였다.
　포악한 적의 압박 하에 고통하는 민중이여,
　허무당의 깃발 아래로!
　일거에 적을 무찌르라!
　허무당 만세, 조선혁명 만세!

　일제에 '선전 포고'를 한 그는 선언서를 계동 전일소全一素의 집으로 옮겼다가 1월 3일 경성 우체국에서 전국 각지의 신문사와 관공서 177곳과 일본으로 발송했다. 윤우열은 저술가 양명梁明, 한글학자 이윤재李允宰 등의 집에 숨어서 지내다가 1926년 1월 12일 종로 경찰서에 체포되었다. 윤우열은 그해 5월 경성지방법원에서 징역 2년을 선고받고 1년 2개월의 옥고를 치르던 중 감형되어 이듬해 2월 출옥했다. 그러나 폐렴으로 4개월 만에 숨을 거두었다. 정부는 고인의 공훈을 기려 2007년 건국훈장 애족장을 추서하였다. ☯

계산동2가 84 상화 고택 일원
대구 근대 골목길의 상징

상화 고택 계산성당 뒤편 좁은 골목 안 상화 고택은 기념관 형태로 꾸며져 있다. 마당에는 당시에 썼던 펌프가 있지만 물을 뽑아 올려서 마실 수는 없다. 장독대 건너편에는 대표작 '빼앗긴 들에도 봄은 오는가'를 비롯한 시비 셋이 나란히 세워져 있다.

이상화는 '민족 시인'으로 아주 유명하지만 독립운동가로는 별로 알려져 있지 않다. 1943년 4월 25일 시인이 세상을 떠날 때까지 마지막으로 거주했던 고택 뜰에 서서 그의 시인으로서의 경력과 독립운동가로서의 또 다른 이력을 함께 살펴본다.

1901년 5월 9일 대구 중구 서문로2가 11-1번지에 태어난 시인은 7세 때 아버지를 여의고(이시우 1877~1908) 14세까지 백부의 훈도를 받으면서 자랐다.[19]

---

19) 이기철의 〈이상화〉(대구시 《대구의 문화인물 1》, 2006)는 상화의 생몰을 1901.5.9.(음 4.5.)~1943.4.25.(음 3.21.)로 명기하고 있다. 국가보훈처 누리집의 독립운동가 공훈록은 이상화 시인의 출생일, '나의 침실

시인은 18세에 서울 중앙학교 3년을 마쳤다. 1919년 대구3·8만세운동 당시에는 친구 백기만白基萬 등과 함께 대구 학생 시위를 준비하던 중 사전에 탄로나 서울로 탈출했다. 1922년에는 프랑스 유학을 목표로 일본에 가서 '아테네 프랑세'에서 프랑스어와 프랑스문학을 공부하지만 1923년 9월 관동 대진재關東大震災를 겪고 1924년 귀국했다.

　1922년 이래 홍사용, 박종화, 박영희, 김기진 등과 함께 <백조> 동인으로 활동하면서 '나의 침실로' 등을 발표했다. 그 이후 김기진 등과 함께 파스큘라PASKYULA라는 좌파 계열의 문학단체에 가담했고, 1925년도에도 좌파 예술가 단체인 조선프롤레타리아예술동맹KAPF에 창립 회원으로 참여했다. '빼앗긴 들에도 봄은 오는가'는 1926년에 발표했다.

　1927년 의열단 이종암李鍾巖 사건에 연루되어 구금되었고, 1928년에는 ㄱ당 사건으로 구속되었다. 1937년에도 큰형 이상정 장군을 만나러 중국에 다녀왔다가 체포되어 4개월 동안 옥고를 치렀다.

　시인은 대구교남학교에서 잠시 교편을 잡기도 했다. 교사 생활을 그만둔 후 국문학사 집필 등을 기획하지만 완성하지 못한 채 세상을 떠났다. 시인은 생전에 시집을 내지 못했다. 그의 시는 친구 백기만이 1951년 펴낸 《상화와 고월》에 16편 실려 시집 형대로 후세에 남았다.

로' 발표 잡지 통권 번호, 생가 주소 등을 틀리게 기록하고 있다. 온 국민이 다 아는 이상화 시인 공훈록이 그런 지경이면 다른 독립지사들에 대해서도 오류투성이 해설을 하고 있을 것을 미루어 짐작할 수 있다. 시쳇말로 큰일이다.

최해청 집터 계산동2가 84번지 상화고택 옆의 83번지는 영남대학의 전신 청구대학을 세운 최해청崔海靑(1905~1977)의 집터이다. 본래 47평 정도의 땅에 두 채의 집과 우물이 있었는데 지금은 빈터로 변했다.

최해청의 아버지 최현달崔鉉達은 44세 때 경술국치(1910년)를 맞아 청도군수 자리를 내던졌다. 최현달은 망국 소식을 듣는 즉시 군수 관인官印을 버리고 귀가하여 순국하려 했다. 노모가 그 광경을 보고 가만히 계실 리 없었다. 결국 최현달은 자진 순국의 뜻을 접어야 했다. 최현달은 많은 빚을 진 조카에게 재산을 물려주고 영양실조로 세상을 떠났다.

최해청은 나이 15세인 1920년에 수창초등학교를 졸업했다. 그는 이듬해인 1921년에 대구고등보통학교에 진학한다. 상급학교에 입학한 것은 초등학교 졸업 후 한 달가량 지나 모교를 방문했을 때 담임교사가 '너는 요즘 무엇을 하고 지내느냐?' 하고 물었는데 '한문을 읽고 있습니다.' 하고 대답한 일이 발단이 되었다. 담임교사는 '그것도 좋지만 너는 아깝구나!' 하고 한탄하였다. 이에 자극을 받은 최해청은 대구고등보통학교에 진학하기로 결심한다.

최해청이 고보 진학을 결심한 데에는 1921년부터 고보 출신도 일본의 고등교육기관에 진학할 수 있는 자격을 주는 것으로 제도가 바뀐 영향도 있었다. 그 이전까지 고보는 실업 학교로 취급되어 대학 진학이 불가능했다. 최해청은 합격자 40명 중 3등이라는 우수한 성적으로 대구고보에 진학한 직후인 1921년 5월 7일 일기에 '고등보통학교와 일본 중학교의 동등함을 인정하고, 고등학교 입시 자격을 인정한다'라는 조선총독부

관보 내용을 적어두었다. 하지만 최해청은 입학한 길로 일본인 교사 축출 운동을 하다가 5월에 퇴학당했다.

그는 외삼촌 서상일의 경북상공주식회사에 다녔다. 해방 이후 최해청은 대구에서 처음으로 근로 청소년을 위한 학술 강좌를 연다. 뿐만 아니라 1948년에는 낮에 일을 해야 하는 사람들을 위해 전국 최초의 야간 대학인 청구대학을 개교한다. 학교는 현재의 2·28기념공원 맞은편에 자리를 잡았다. 그러나 학교는 1967년 12월 대구대학과 통합 절차를 거쳐 영남대학교가 되면서 두 대학의 설립과 무관한 박정희에게 넘어갔다.

서상돈 고택 1907년 국채보상운동의 주역 '서상돈 고택'은 상화 고택과 마주보고 있다. 이 운동은 일본이 강제로 떠맡긴 국채國債(나라 빚) 1300만 원을 국민들이 성금을 모아 갚자면서 일어난 운동으로, 일제의 집요한 방해로 결국 성공하지 못했다. 좀 더 자세히 알아보자.

우리나라 최초의 국민 모금 운동이자, 한말韓末 자주自主 자강自强운동의 대표적 횃불인 국채國債보상운동은 1907년에 일어났다. 당시 나라國의 빚債은 1300만원으로 정부의 1년 예산과 맞먹었다. 국채는 군사 압력을 배경으로 일본이 강요하여 발생한 것이 많았다. 우리 백성들은 이 빚을 갚으면 대한의 자주자강이 가능하다고 보았다.

국채보상운동은 대구에서 본격화되었다. 1907년 2월 21일 김광제, 서상돈 등 13인 발기인이 '국채 1300만원 보상 취지서'가 대구에서 발표되었다. 아래는 그 날 격문 중 일부이다.

(전략) 국채 1,300만원은 우리 한제국의 존립과 직결된 것이다. 이것을 갚으면 나라가 존재하고 이것을 갚지 못하면 나라가 곧 망할 것은 필연적인 사실이다. 지금 나라의 국고로서는 도저히 이것을 해결할 도리가 없는 형편이다. (중략) 그런데 이 국채를 갚는 방법의 하나로 크게 노고하지 않고 또 자기 재산의 손해봄 없이 크게 모을 수 있는 방법이 있다. 그것이 바로 2천만 동포들이 3개월 동안 흡연을 폐지하고 그 대금으로 한 사람이 매달 20전씩 거둔다면 1,300만원을 쉽게 모을 수 있는 것이다. (하략)

'국채 1300만원 보상취지서'는 2월 21일 민의소民議所(상공회의소) 창립총회와 국민대회에서 연이어 발표되었다. 창립총회에서만 500원이 모금되었다. 500원은 당시 정부 예산 1300만원의 약 0.004%로, 요즘 대한민국 정부예산 600조를 기준으로 환산하면 240억이라는 거액이 한 자리에서 갹출된 것이다.

대구의 소식이 전해지자 국민들의 반응은 너무나 뜨거웠다. 고종도 금연을 선언했다. 대한매일신보 등 언론들도 기사와 논설로 운동의 확산을 도왔다.

그러나 운동은 끝내 좌절되었다. 일제는 운동의 주동적 역할을 맡은 대한매일신보를 탄압하다가 1908년 7월 12일 신문사 총무 양기택을 '국채보상금 횡령' 누명을 씌워 구속했다. 양기택은 네 차례 공판 끝에 9월 29일 무죄로 석방되지만, 그 이후 운동은 열기를 잃고 시들어갔다. 일제의 간교한 저지책이 결국 성공하고 만 것이었다.

대구시 발간 《대구의 향기》는 국채보상운동에 대해 '비록 그 끝은 흐지부지되었으나 나라를 빼앗을 정도의 막강한 힘과 간교奸巧를 함께 행사한 일제의 탄압 때문이었던 만큼 기울어져 가는 국권을 금연, 금주, 절미節米로 되찾으려던 평화적이고 자발적인 자주자강 운동은 영원히 그 빛을 잃지 않을 것이고, 한국과 한민족이 존속하는 한 이 국민운동의 발상지였던 대구는 길이길이 국민 모두의 가슴속에 기억될 것'이라고 자평한다.

이상정 고택 상화고택과 서상돈 고택을 좌우로 두고 그 사이를 20m쯤 걸으면 이상정 장군 고택과 만나게 된다. 장군의 집은 지금 식당(바보주막)으로 변해 있다.

이상정 장군은 이상화 시인의 맏형으로, 1896년 6월 10일 대구에서 출생했다. 일본국학원대학을 졸업한 이상정은 대구 계성학교, 신명여학교, 서울 경신학교, 오산학교 교사로 있으면서 지하조직 용진단勇進團을 결성해 항일운동을 하던 중 일제 경찰의 체포를 피해 1925년 만주로 망명한다. 1922년 《개벽》 8월호에 시조를 발표함으로써 대구 최초 현대시조 작가로 등단했던 이상정은 남대문역(현 서울역)에서 기차에 오르기 전 〈남대문역에서〉를 남겼다.

이 속에 타는 불은 저 님은 모르시고
서운히 가는 뒷모습 애석히 눈에 박혀
이따금 샘솟는 눈물 걷잡을 줄 없애라

1926년쯤 풍옥상馮玉祥의 서북국민부대에서 준장급으로 있던 이상정은 풍옥상 군대가 장개석 부대와 통합됨에 따라 중국 국민정부 정규군 소장으로 활동하게 된다. 이상정은 윤봉길에게 폭약을 구해주는 등 김구, 김규식 등 독립지사들과 긴밀한 관계를 유지했으며, 1940년에는 임시정부의 광복군 창설을 적극 도왔다. 1945년 8월 15일 이후에는 중국군 중장으로서 화북 지방의 일본군 무장 해제를 지휘하였다.

　그는 1947년 9월 귀국하지만 40여 일 만인 10월 27일 뇌일혈로 돌연 타계한다. 이상정 장군의 부인은 한국인 최초 여자 비행사로 알려진 권기옥이다. 3·1운동 때 투옥되었던 권기옥은 그 후 중국으로 건너가 비행사가 되었으며, 남편을 만났다. ☯

대구 최초의 서양화 개인전 화가 및 현대시조 시인이었던 독립운동가(중국군 장군) 이상정 76주기 추념식(2023.10.27.)

현대백화점 대구점에서 이상정 고택, 상화 고택, 서상돈 고택으로 들어가는 골목, 즉 백화점 야외 주차장 입구(계산동 169-40)에 '현진건'을 소개하는 초라한 입간판 하나가 서 있다. 생가도 확인되지 않고, 고택도 무덤도 남아 있지 않고, 문학관도 없는 독립유공자 현진건… 이곳에 있어야 할 아무런 근거도 없이 세워져 있는, 그것도 초라의 극치를 보여주는, 거의 완벽할 만큼 엉터리 내용으로 빽빽한 입간판을 읽으면 '우리를 슬프게 하는 것들'이 따로 없음을 너무나 생생하게 실감할 수 있다. 입간판의 첫 문단을 읽어본다.

"현진건은 1900년 9월 2일 대구 중구 계산동2가 169번지 일원(추정)에서 우체국장을 지내던 아버지 현경운과 어머니 이정효 사이에서 4형제 중 넷째아들로 태어났다."

외부(외교부) 통신원 국장 현경운의 후속 관직은 '우체국장'이 아니라 '대구전보사장大邱電報司長'이다. 司가 붙은 데서 짐작되지만 대구전보사는 우편물 취급소가 아니라 국가정보기관이었다. '추정'한다는데 아무 근거가 없다. 둘째 문단을 읽는다.

"1908년 대구노동학교, 1916년 도쿄 세이소쿠 예비학교, 1918년 상하이 후장 대학 독일어 전문학부에서 공부했으며, 《개벽》에 〈희생화〉로 등단하여 박종화, 나도향, 이상화 등과 문예지 《백조》의 창간 동인이 되면서 본격적인 문학 활동을 시작했다."

둘째 문단도 오류가 상당하다. 대구노동학교는 현경운이 교장을 맡았던 야학이다. 현진건은 8세 무렵 야학이 아니라 서당에 다녔다. 그 후 '1916년 도쿄 세이소쿠 예비학교'가 아니라 '1915년 서울 사립보성고등보통학교'에 입학했다. 현진건은 보성 중퇴 후 도쿄 세이죠 중학에 유학했다. 도중에 중학 편입 준비차 세이소쿠 예비학교에 다녔다. 안내판은 보성과 세이죠 중학은 누락하고 학원격인 세이소쿠 예비학교만 소개했다.

'《백조》의 창간 동인이 되면서 본격적인 문학 활동을 시작했다'라는 소개도 틀렸다. 현진건은 1921년 1월에 발표한 두 번째 소설〈빈처〉로 '문단적 명성(조연현, 《한국현대문학사》)'을 얻어 '문단의 총아(윤장근, 《대구문단인물사》)'가 되었다. 《백조》 1호는 그로부터 1년 후인 1922년에 나왔다. 현진건은 《백조》 창간 전부터 이미 '본격적인 문학 활동' 중이었으므로 안내판의 소개는 잘못이다. 그 다음 내용을 읽어본다.

"1936년 동아일보사 사회부장으로 재직하던 당시, 손기정 선수가 독일 베를린 올림픽 마라톤에서 세계를 제패하자 손 선수의 사진에서 일장기를 지우고 게재한 '일장기 말소 사건'으로 구속되어 옥고를 치렀다. 소설가이자 언론인이었고 독립운동가였던 현진건은 식민지 현실을 직시하고 친일문학에 가담하지 않은 채 청빈과 양심을 지키며 빈곤하게 만년을 보내다가 1943년 4월 25일 결핵으로 동대문구 제기동 자택에서 사망하였다. 고인의 유해는 유언에 따라 화장되어 한강에 뿌려졌다."

'일장기 말소 사건'은 '일장기 말소 의거'로 정의해야 옳다. 이 의거를 '사건'으로 규정하는 것은 일본제국주의자들의 시각이다. '고인의 유해는 유언에 따라 화장되어 한강에 뿌려졌다'라는 기술도 사실과 부합하지 않는다. 현진건은 자신을 화장해서 한강에 뿌려달라고 유언하지는 않았다. 정확하게 표현하면 '현진건은 본인의 유언대로 화장되어 경기도 시흥군 신동면 서초리에 안장되었다. 뒷날 서울 개발 때 묘소는 없어지고 유골은 한강에 뿌려졌다' 정도이다.

"현진건의 주요 작품으로는 〈빈처〉〈술 권하는 사회〉〈운수 좋은 날〉〈할머니의 죽음〉〈불〉〈B사감과 러브레터〉〈고향〉〈무영탑〉〈불국사 기행〉〈적도〉 등이 있다"

분류 기준과 시간 순서를 무시하고 있다. 분류 기준과 발표 순서에 맞게 기술하려면 '현진건의 주요 작품으로는 단편소설에 〈빈처〉〈술 권하는 사회〉〈할머니의 죽음〉〈운수 좋은 날〉〈불〉〈B사감과 러브레터〉〈고향〉, 장편소설에 〈적도〉〈무영탑〉, 기행문에 〈고도 순례 - 경주〉가 있다'로 밝혀야 옳다. 〈불국사 기행〉도 〈고도 순례 - 경주〉가 옳다.

안내판 제목 아래 '가까운 문인들과 함께'라는 설명을 달고 게시되어 있는 사진의 소개문도 옳지 않다. 이는 현진건이 '가까운 문인들과 함께'가 아니라 '기자 문인들과 함께' 찍은 사진이다. 현진건과 가까운 문인이라면 어릴 적 벗 이상화·백기만·이장희, 《백조》 동인 나도향, 사돈인 소설가 박종화 등이 대표적인데, 이 사진에는 그들 중 아무도 없다. 단체 사진의 인물들 가운데 최서해가 있는 것으로 보아 촬영 시기는 그가 타계하는 1932년 7월보다 이전이다.

안내판에 현진건 초상화가 실려 있다. 초상화는 사진이 없던 시절 왕의 얼굴을 그린 어진御眞 등 매우 귀한 영정이었다. 하지만 사진 발명 후에는 현창 시설에 (국가보물급 초상화라면 다르겠지만) 작자 미상 초상화를 쓰는 것은 고인은 물론 대중에게도 예의가 아니다. 현진건은 사진이 남아 있으므로 작자 미상 초상화를 쓸 까닭이 없다.

현진건에 대한 예의를 전혀 갖추지 않는 '우리'의 정신사가 너무나 각박하다.

'창작가' 현진건!
무수한 명사들이 친일로 변절한 1940년대에 창씨개명까지 거부하며 일제에 맞선, 1936년 일장기말소의거를 일으켰던 독립유공자이자 '고향' '빈처' '운수 좋은 날' '술 권하는 사회' '흑치상지' '적도' '무영탑' 등의 사실주의 소설로 항일의식을 고취했던 민족문학가!
그러나 그 흔하디 흔한 문학관은 물론, 생가도 고택도 남아 있지 않고, 무덤조차 없는 현진건!! 우리가 현진건을 이토록 홀대해도 되는 것일까요? "창작가 현진건 현창회"는 현진건 선생 현창을 위해 매달 한 권 이상의 <빼앗긴 고향>을 발간하고 있습니다. 회원으로 가입해 현진건 현창 활동도 함께 하고, 글도 발표하면 삶의 새로운 의미를 발견하실 수 있을 것입니다. 회비는 월 15,000원(농협 302-1227-7465-71), 01051519696 (정만진)에 성명과 주소를 문자전송하시면 됩니다 **

최영

나는 현진건이다
_ 내 가슴은 공동묘지다

무덤과 무덤 사이에 있던
꿩 한 마리가
술 따르는 인기척에 후드득 날아오른다

내 나이 열 살 때 죽은 어머니의 무덤
첫딸 경숙이의 무덤, 둘째 딸 애경이의 무덤,
정건이 형의 무덤, 음독한 윤덕경 형수의 무덤,

나의 가슴은 작은데
무덤들이 자꾸만 늘어나서 술주정이 심해진다
어제도
술을 마시고 길 위에 쓰러져 잠이 들었다

아버지가 친일을 해서 괴로워하다 음독한 친구 이
장희의 무덤, 윤덕경 형수 오빠 윤현진의 무덤, 이종암
의 무덤, 송계백의 무덤, 나석주의 무덤, 유관순의 무
덤, 조선의 무덤, ……

일장기 말소 의거를 일으켜
신문사에서 쫓겨난 것도 무덤이다
다시는 소설을 쓰지 않겠다고 도장을 찍은 무덤,
양계장 할 때 병들어 죽은 닭 천 마리의 무덤,
사기를 당한 무덤 ……

봄이 와도
내 가슴은 을씨년스럽다

또 술 ……

중구 동산동 257 90계단, 신명학교, 블래어 주택, 계성학교
1919년의 10대 학생들, 나라의 독립을 위해 싸웠다

　　3·1운동길 90계단 1919년 3월 8일, 대구고보(경북고) 등 시내 학교 학생들은 동산 파출소 터(동산동 18-1, 국채보상로 487) 뒤편의 서문시장에서 시작되는 독립만세운동에 동참하기 위해 계산오거리에서 동산으로 올라가는 가파른 언덕을 뛰어올랐다. 학생들은 지금의 동산병원 건물 뒤편과 신명고교 사이를 형성하고 있는 능선을 따라 동쪽으로 간 다음, 지금의 섬유회관 쪽으로 급격하게 떨어지는 절벽 같은 산비탈을 타고 서문시장으로 내려갔다. 일본 경찰에 들키지 않으려면 어쩔 수 없었다. 이 계단을 '3·1운동길 90계단'이라 부른다.

　　신명고교의 '신명 3·1운동 기념탑'을 둘러본 뒤 블래어 선교사 주택(유형문화유산)을 찾는다. 동산에는 선교사 주택이 세 동 있지만 그 중에서도 블래어 주택은 내부가 역사관으로 꾸며져 있어서 특히 답사할 만한 가치가 돋보이는 곳이다.

계성학교(왼쪽)와
신명학교의
3·1운동 기념탑

1919년 대구의 만세운동

1919년 3월 8일은 평양, 강경과 더불어 우리나라 3대 시장의 하나인 서문시장 장날이었다. 대구 3·1운동을 주도[20]한 계성학교 교사와 학생, 남산교회와 교남YMCA 간부들은 큰장(서문시장)날 시장 복판에서 만세운동을 벌이기로 계획했다. 시장이 계성학교에서 가까워 만세 운동 준비물을 들키지 않고 운반하는 데 안성맞춤이고, 장날이라 자연스레 군중이 운집하기 때문이다.

만세운동에는 신명여학교 학생들도 적극 동참했다. 대구고보(경북고) 학생들도 계성 측의 연락을 받고 백기만, 허범, 신현욱 등이 이상화의 집에 모여 계획을 세운 다음, 당일 서문시장으로 달려가 동참했다. 학생들은 일제에 들키지 않기 위해 선교사 주택단지 일대의 '3·1운동길 90계단'을 올라 동산을 거쳐 지금의 오토바이 골목 일대인 서문시장으로 갔다. 독립선언문을 낭독한 시위 군중은 서문로를 걸어 대구경찰서(현 중부경찰서)까지 행진한 다음 종로를 지나 달성군청(현 대구백화점)으로 나아갔다. 그러나 기관총을 발사하는 일제의 무력 앞에서 더 이상 전진할 수 없었다.

이틀 뒤 10일, 이틀 전 시위 때 체포되지 않은 시민과 학생들이 남문외시장(염매시장 일원)에서 3·1운동을 재현했다. 3월 26일 군위군 의흥 장터 만세운동이 일어났다. 3월 30일 동화사 지방학림地方學林(승가대학) 학생들이 덕산정시장에서 시위를 벌였고, 4월 15일 강윤옥과 장용암 등이 대명동 공동묘지에서, 4월 26일과 28일 동구 미대동 채씨 문중 사람들이 연속으로 여봉산에 올라 "대한독립만세!"를 부르짖으며 투쟁했다.

---

20) 대구 1919년 3월 8일과 10일 시위로 76명이 투옥되었다. 그 중 43명이 계성학교 전·현직교사(8명)와 학생(35명/전교생 46명)이었다.

계성학교에서는 특히 아담스관을 유심히 보아야 한다. 이 건물 지하에서 계성학교 교사와 학생들은 독립선언문을 등사하고 태극기를 만들었다. 게다가 이 건물 벽에는 곳곳에 대구읍성의 성돌이 박혀 있다. 친일파 박중양이 1906~7년 대구읍성을 부수었을 때 그 성돌 일부를 사서 학교 건물 짓는 데 활용했던 것이다. 그 돌을 한번 쓰다듬어 보라. 구한말과 일제 강점기의 시간이 도도히 돌 표면을 흐르고 있다.

곳곳에 대구읍성 성돌이 박혀 있는 아담스관 건물. 1919년 만세운동 당시 계성학교 교사와 학생들은 이 건물 지하실에서 독립선언서를 인쇄하고 태극기를 제작했다. 건물 앞에 독립운동 기념비가 세워져 있다.

한강 이남 최초의 2층 서양식 교사校舍인 계성학교 아담스관(대구시 유형문화유산)은 건축 당시인 1908년만 해도 '집 위에 집이 있다는 게 사실이야?' 하며 구경꾼이 몰려든 건물이다. 영남 최초의 서양식 양옥이기도 한 아담스관 앞에는 3·1운동기념탑이 세워져 있다. 이 학교 59회 졸업생들이 세웠고, 글씨는 김태동 당시 학교장이 썼다.

계성학교 학생들은 철시 투쟁과 혜성단 활동도 펼쳤다. 시장 철시 투쟁은 3·1운동을 지지한 상인들의 항일 운동이다. 3월 8일 독립만세운동 때 체포되지 않은 계성학교 학생 김수길金壽吉은 고향 김천으로 돌아가 김천교회 목사 김충한金忠漢(신암선열공원 안장)과 함께 3월 11일 만세운동을 계획한다. 그러나 기밀이 누설되어 김충한 등은 체포되고, 김수길은 다시 대구로 돌아온다. 그는 동지들을 규합, 이종식李鍾植, 이영식李永植 등과 3월 31일 밤 대구 시내 상인들에게 철시 투쟁을 제안하는 유인물을 배포한다. 다음날 아침 경정京町(종로)의 조선인 상인들이 일제히 점포 문을 닫는다.

하지만 일제의 강압으로 철시 투쟁은 오후 1시경에 끝나버렸다. 김수길 등은 재차 호소문을 뿌렸고, 이번에는 어제 참여했던 상인들 중 일부와 서문시장 조선인 상인 80여 호가 참여했다. 일본 군경은 또 다시 긴급 출동, 2차 투쟁도 오후 1시경에 종료되고 말았다. 김수길, 이명건, 이수건, 이영식, 허성덕, 이기명, 이종헌, 김종식, 이영옥, 박명윤, 최재화, 이덕생 등의 철시 투쟁 독려는 4월 3일, 4월 6일, 4월 7일에도 계속되었다.

대구대학교 설립자인 이영식은 3·8만세운동 주동자 중 일인이었지만 체포되지 않았다. 4월 18일 궐석재판에서 징역 6월형을 언도받은 그는 그 후에도 칠곡군 인동면 진평동 만세 시위, 대구 시내 철시 운동을 하다가 결국 1921년 6월 24일 징역 1년6월형에 처해진다. 일본 신호신학교에 유학 중이던 1926년에는 교민들에게 독립사상을 고취한다는 이유로 구류되었고, 1927년부터 1936년까지 서문교회 목사로 재직하면서 교인들에 독립사상을 고취하는 활동을 펼쳤다.

혜성단은 계성학교 학생들이 조직한 항일 결사체이다. 3·1운동이 확산되자 일제 총독부는 민심을 무마하기 위해 자제단을 조직했다. 대구에서도 1919년 4월 초에 대구자제단이 발족되었다. 이에 맞서 김수길, 이종식, 이영식, 이영옥, 이명건, 허성도, 이기명, 이종헌, 이수건, 이덕생 등 시장 철시 투쟁을 이끌었던 계성학교 학생들과 교회 집사 최재화 등은 4월 6일 대구경찰서장에게 암살 경고장을, 대구자제회의 의장 박중양, 명치정 2정목(계산2가) 구장 백응훈 등에게 경고문을 발송했다.

이들은 좀 더 조직적인 항일투쟁을 위해 1919년 4월 17일 비밀결사 혜성단을 조직했으며, 만주의 항일투쟁 단체와도 연결하여 투쟁을 하기로 결의했다. 그 이후 4월 17일, 4월 18일, 4월 27일, 5월 1일, 5월 7일 등에 조선인 상인들, 경상북도의 조선인 관리들, 조선인 자산가들 등에게 경고문, 탄원서 등을 발송하고 배포했다. 하지만 5월 중순 결국 일제에 체포되어 징역 1년6월~4년 형을 받았다. ☯

중구 국채보상로99길 12 대구만세운동 시발지
표지석만 쓸쓸하게 남은 대구만세운동 출발 지점

　일제 강점기 때 "사진 하면 대구의 최계복이고 회령의 정도선"이라는 평판이 자자했다. 그만큼 유명했던 사진작가 최계복을 기린 《최계복 선생 탄생 100주년 기념 사진집》이 2009년 10월 28일 발간되었다. 사진집 표지는 그의 최초 작품 '영선못의 봄'이 장식했다. 1933년 작품인 〈영선못의 봄〉에는 잘 차려 입은 여인네들과 중절모에 양복으로 성장을 한 신사들이 유람선에 올라 뱃놀이를 즐기고 있다. 그만큼 영선못이 컸다는 말이다.
　1970년대만 대구에는 큰 호수들이 많았다. 최계복 사진집에 나오는 영선못이 대구교대 앞 자리에 있었고, 배자못이 경북대학교 북문 너머에 있었다. 배자못이 '운명'하기 직전까지는 감삼동에도 큰 호수가 있었다. 그런데 아파트를 짓는다고 다들 메워 버렸다.
　그보다 더 옛날에는 현재의 서문시장 일원도 커다란 호수였다. 본래 늪이었던 곳을 일제가 매립해서 시장으로 만들었다. 이는 1919년 3월 8일 대구독립만세운동의 현장이 지금의 서문시장 자리가 아니라는 사실을 말해준다. 일제는 서문시장이 만세운동의 현장이기 때문에 대구 사람들이 그곳에 모여 두고두고 독립운동을 되뇌는 것이 못마땅했다. 그래서 1923년 4월 1

일 현재 위치로 강제 이동시켰다.

한국학중앙연구원 《한국민족문화대백과》는 '명성을 떨치던 서문시장은 (중략) 장소가 좁다는 이유를 들어 대구부에 의해 식민 정책의 일환으로 (이전이) 추진되었다. 1919년 대구 지방의 3·1운동은 흰옷을 입은 서문시장 장꾼들이 주도하였고, 식민주의자들은 흰옷 입은 군중이 시내에서 서성거리는 것을 몹시 두려워했다. 현재의 서문시장 터전은 당초에는 "성황당(천황당)못"이라고 불리던 늪지대였다. 저지대를 정리하기 위해 많은 객토客土가 필요하였는데, 그것은 오늘날 내당동·비산동 고지대에 있던 고분군의 봉토를 실어다가 메웠다.'라고 소개한다.

그렇게 일제는 대구 독립만세운동의 현장인 서문밖시장을 없애버렸다. 지금의 서문시장 부지를 만드느라 내당동·비산동 일대 고분들도 모두 뭉개버렸다. 그 흙을 옮겨와 늪을 메웠던 것이다. (대구시는 2023년 그것을 기념하여 '서문시장 100년 대잔치'를 벌였다. 제정신인가?)

1919년 당시의 서문시장은, 대구읍성의 서문(달서문, 중구 서성로1가 52-5) 앞에 위치한다 하여 서문시장이라는 이름을 얻은 데서 짐작할 수 있듯이, 국채보상로99길 12(동산동 15-30) 일원의 세칭 '오토바이 골목' 일대였다. 골목 입구에 '대구 3·1독립운동 발원지' 표지석이 세워져 있다. 서문밖시장은 흔히 '큰장'이라 불렸는데, 평양 장 및 강경(충남 논산시 강경읍) 장과 더불어 조선 시대 3대 큰장이었기 때문이다. 3월 8일은 '대구 큰장' 장날이었고, 따라서 사람들이 많이 운집했으므로 만세운동을 펼치기에 아주 적격인 때와 장소였던 것이다. ▌

중구 서성로1가 52-5 이종암 지사 독립운동자금 조달지
흔적도 없이 사라진 한국독립운동의 성지

'1919년 만세운동' 이듬해인 1920년, (현재의 서문시장이 아니라 본래의) 서문시장에서 경상감영을 향해 진입하는 서문로 입구 달서문 터(서성로1가 52-5와 경상감영길 2 사이)에 대구은행 본점이 들어섰다. 이곳에서 직원으로 근무하던 이종암은 1917년 12월 은행돈을 챙겨들고 만주로 망명해 독립군이 되었다. 그는 의열단 부단장으로 맹활약했지만 끝내 순국했다.

이종암은 우리나라 독립운동사에 손꼽히는 지사이고, 의열단은 1920년대 최고의 무장 항일운동단체였으니 이곳 대구은행 본점 건물은 독립운동의 성지라 할 만한 곳이었다. 그러나 아파트를 짓는다고 2020년 무참하게 없애버렸다. 이종암 지사의 독립운동자금 조달 103년 만에 일어난 참사였다. 사진은 경상감영 가는 길이라는 표지판이 보이는, 삼영 사우나(철거되기 직전 건물의 주 용도)의 모습이다.

이종암 지사의 삶이 생생하게 느껴지는 데 도움이 될 수 있도록 하기 위해 중국으로 망명하는 부분, 그리고 끝내 순국하는 부분을 소설 기법으로 소개드립니다.

열일곱이던 1913년 한 해 동안 부산상업학교에 다녔던 이종암은 그 이듬해인 1914년 봄 대구은행 직원이 되었다. 이종암은 원래 침착하고 과단성 있는 성격이라 무슨 일이든지 맡으면 철저히 했다. 은행 사무쯤은 그리 복잡한 것도 아니어서 종암은 얼마 되지 않아 동료들에게 칭찬을 받게 되고, 지배인 서기하徐基夏 씨의 신임도 얻었다. 두취(은행장) 정재학도 믿브게(믿음직스럽게) 여기고 좋아했다. 매월 7원씩 받던 견습생 생활 석 달 만에 10원씩 받는 사무직원(서기)이 되었다. 뿐만 아니라 1년 만에 출납계 주임까지 승진했다.

하지만 정재학 두취가 처조카 이종암을 부지런하고 유능하다고 여겨 믿브게 생각한 것은 엄청난 오판이었다. 그는 이종암이 항상 꿈을 꾸고 있다는 사실을 알지 못했다. 이종암은 꼭 미국으로 가서 공부를 하여 성공하겠노라 늘 다짐하고 있었다. 이종암은 '나라 일도 분한 일! 민족의 장래도 암담한 일! 아무래도 큰 인물이 되어야겠는데 어떻게 해야 미국으로 갈 수 있으려나?' 하며 밤낮 골몰하고 있었다.

이종암은 마침내 큰일을 저질렀다. 아니, 뜻한 바 목적을 달성하기 위하여 큰 모험을 감행했다. 1917년 12월 어느 날, 근무하는 대구은행의 돈 1만500여 원(현 시세 10억 원가량)을 가지고 종적을 감추어버렸다.

사실 지난 한 해 내내 이종암은 지독한 마음앓이에 빠져 지냈다. 그의 온몸은 '나는 앞으로 어떻게 해야 할까?'라는 화두 앞에서 신열을 앓듯 어지럽게 달아올랐었다.

눈을 감고 있어도 어릴 적에 본, 의병들이 줄줄이 묶여서 왜적들에게 끌려가는 광경이 눈앞을 시커멓게 가려왔다. 대구회생병원大邱回生病院 부근에서 의병들이 처참하게 총살당하는 장면을 고통스럽게 목격하고 귀가한 어른들의 무거운 목소리들이 귓속을 아프게 후벼팠다.

부산상업학교 1년 선배인 박재혁·최천택 등 겨우 열여덟 어린 학생들이 끈질기게 항일투쟁을 펼친 끝에 마침내 잡혀가 뼈가 드러나도록 고문을 당하는 것을 지켜본 짧은 학창 시절도 가슴 저리게 떠올랐다.

대구로 돌아와 은행 직원으로 사회 생활을 하게 되자 자연스레 접할 수 있었던 광복회의 항일 활동 소식도 마치 처음 듣는 듯이 새삼 이종암의 마음을 뜨겁게 들쑤셨다. 1915년 12월 24일 조선인 둘이 경주와 아화 사이 효현교에서 세금 수송 마차를 습격하여 관금官金(정부 돈)을 탈취해 갔다는 12월 26일자 〈매일신보〉를 보았을 때는 은행 동료인 이영국·신상태와 함께 은행 복도에서 얼마나 환호작약했던가! 그보다 몇 달 뒤인 작년(1916) 9월 이후에는 독립운동 가담자로 주목된 이영국과 신상태가 일제 경찰에 불려다니는 것을 보며 혼자서 또 얼마나 애를 태웠던가!

올해(1917) 들어서는 1월 1일에 전라도의 친일 부호 서도현

이 '화적(독립지사를 지칭하는 일제의 표현)'들에게 사살되었다는 소식을 들었다. 10월 하순에는 강원도 영월 중석광이 화적들에게 털렸다는 소문을 들었다. 불과 며칠 전인 11월 하순에는 관찰사를 지낸 경상도 최고 부자 친일파 장승원이 처단된 일로 세상이 들썩였다. 장승원을 사살한 지사들은 그의 집 대문에 '광복회가 민족의 이름으로 친일파를 처단한다.'라는 내용의 문서까지 붙여두었다고 했다.

이종암은 20세의 약관으로, 여러 사건의 인사들과 직접 독립운동을 모의하기에는 너무 어렸다. 다만 그는 개인적으로 그들과 많은 접촉을 가지려고 늘 애를 썼다. 특히 은행 동료인 이영국과 신상태 두 사람이 일경에 불려다니는 일은 이종암에게 특별한 감명을 주었다.

1년여 내내 고민을 거듭하던 이종암은 드디어 결단을 내렸다. 마지막으로 이종암의 결심을 북돋운 것은 대구읍성이 파괴되던 10세 무렵에 우연히 들었던 어른들의 대화 내용이었다. 마당에서 놀던 중 어른들의 말이 시끄러워 저절로 귀가 기울어졌었다. 그 자리에는 아버지도 있었고, 옆집 할배도 있었고, 그 외에도 여러 사람들이 있었다. 누가 무슨 말을 했는지까지는 떠올려지지 않지만 어른들이 주고받은 말은 대략 이러했다.

"박중양이 놈이 나라의 군사 시설인 우리 대구읍성을 지멋대로(자기 멋대로) 때리뿌숫네(때려부수네)! 왜놈들한테 돈 받아 묵고는(먹고는) 지랄 미치개이(미치광이) 짓을 하고 있다 그 말 아이가(아니냐)!"

누군가가 그렇게 한탄을 하자 다른 어른이 맞장구를 쳤다.

"맞다, 맞아! 그 놈이 이등박문의 수양아들이라꼬 소문이 나 있으니 무서븐(무서운) 것이 없는 모양이제? 하늘이 알고 땅이 알고 사람들이 다 아는 일인데 어찌 후환이 없겠노? 반드시 지(자기) 명에 몬(못) 죽을 끼이다(것이다)."

누군가가 푸념을 하듯이 말했다.

"지발(제발) 웃기지들 마라! 욕 많이 얻어 묵은 놈이 명도 길다 카더라(하더라). 그도 그렇지만, 읍성 부순 게 어디 박중양이 혼자 짓이가(짓이냐)? 우리 대구사람들이 다 보고만 있으이께(있으니까) 그런 일이 벌어지는 것이지 모두들 용감하게 들고 일어나서 막았으면 우째(어떻게) 그 놈이 대구읍성을 뿌술 수 있었겠노? 잠자코 가만히 있는 우리도 마카(모두) 공범이다!"

그 말이 떨어지자, 좌중을 시끄럽게 하던 많은 말들이 거품 가라앉듯 사라졌다. 갑자기 조용해진 게 이상하여 10세 이종암은 그때 어른들을 쳐다봤었다.

지금, 그 마지막 말이 되살아나 고민에 빠져 있는 이종암의 뇌리를 아프게 후려쳤다. '잠자코 가만히 있는 우리도 마카 공범이다!'라는 꾸짖음이 가슴을 쑤셔왔다.

'그렇다! 이렇게 조용히 은행에 앉아 월급이나 받아먹고 살 수는 없다!'

이종암이 결심을 실행에 옮긴 날은 토요일이었다. 마감 시간이 5분쯤 지났을 때 어느 상점에서 1만500여 원을 입금하러 왔다. 보자기에 싼 채로 돈을 받은 이종암은 그것을 금고 뒤쪽에 감추어 둔 채 입금 전표에는 도장을 찍었다. 출납계 주임이라는 자리를 충분히 활용한 단독 조치였다. 두취 이하 지배인까지 모두의 신임을 얻은 이종암인지라 어느 누구도 의심을 하거나 눈치를 채지 못했다.

사건이 터졌다는 사실을 은행 측은 일요일 지나고 월요일이 되어서야 알았다. 출납계 주임이 결근을 한 상태에서 거액이 사라졌다! 범인은 너무나 뻔하다. 믿는 도끼에 발등 찍힌 꼴이 된 두취와 지배인은 '괘씸한 놈!' 하고 소리를 지르면서 부랴부랴 경찰에 신고했다.

이종암의 집에서는 경찰이 찾아온 뒤에야 일이 벌어진 것을 알게 되었다. 바쁘다면서 평소에도 은행 숙직실 숙박을 다반사로 해 왔으니, 토요일 저녁에 집을 나가 이제껏 얼굴을 내밀지 않는 것도 그래서인 줄로만 알았다.

"종범이 어디 있니? 종범이 좀 봤으면 좋겠는데……."

이종암이 토요일에 집을 나가면서 그토록 동생을 찾던 것도 돌이켜보니 정말 수상한 행동이었다.

가족들은 그저 '일제 경찰에 잡히지는 않아야 할 텐데' 하는 마음뿐이었다. '토요일 밤에 바로 기차를 탔으면 이틀이 경과했으니 지금쯤은 압록강을 건넜겠지…….' 하고 애써 자위할 따름이었다.

1919년 11월 10일 이종암의 만주 길림 집에서 의열단 창립식이 열렸다. 이 무렵 김원봉은 이종암의 도움으로 길림에 같이 묵으면서 의열단 조직에 가담했다. 이종암은 창단 초기의 자금을 부담했을 뿐만 아니라, 김원봉과 둘이서 상해로 가 임시정부 산하 구국 모험단 단원들과 3개월에 걸친 합숙훈련을 받고 돌아왔을 만큼 의열단 창단의 핵심 인물이었다.

이종암은 대구은행에서 가져간 1만500여 원 가운데 3,000(현 시세 약 3억)원은 김원봉 등에게 주어 생활비와 여비로 쓰게 하고, 7,000(7억)원은 구영필에게 맡겨 삼광상회를 경영시켰다. 삼광상회에서 얻은 이익으로 의열단을 운영하려는 계획이었다.

나머지 돈 500(5천만)원은 길림성 파호문 밖에 있는 중국인 반모 씨의 화성여관을 세 얻는 데 쓰였다. 그때부터 화성여관은 이종암의 거처 겸 의열단 창립 준비 모임의 집회 장소로 사용되었다. 10여 명의 청년들은 그 집에 합숙하면서 폭탄 제조 및 사용법을 익혔다.

상해에서 석 달 동안 숙식을 같이 하며 지낸 이래 이종암은 자연스레 김원봉과 남달리 친해졌고, 김원봉의 고향 벗인 김상윤과도 덩달아 각별한 사이가 되었다. 한봉인은 그 무렵 김원봉의 부탁으로 군자금 모금차 국내에 들어가고 없었지만, 이종암·김원봉·김상윤과 약간 늦게 합류한 윤세주 네 사람은 의기투합했다.

단장 격인 의백은 가장 나이 어린 김원봉이 맡기로 했다. 조직을 완전히 새롭게 세우면서, 운영도 자신들 나름의 의기意氣에 맞게 해가려면 젊은 층에서 대표를 맡아야 한다는 데 합의를 했기 때문이다. 또 김원봉 본인이 대표를 맡고 싶다고 강력히 희망한 결과이기도 했다. 물론 김원봉은 단원 모집을 위해 신흥학교에 입학하고, 국내에 사람을 보내어 군자금 모집 활동을 펼치는 등 남다른 열성을 보인 점도 인정을 받았다.

이종암이 국내로 다시 들어온 것은 1925년 7월 11일이었다. 1918년 2월 중순 중국으로 망명한 이래 여섯 차례나 국내에 잠입하여 의열 투쟁과 군자금 모금 활동을 했던 이종암의 손에는 폭탄 2개, 권총 1정, 탄환 50발, 〈조선 혁명 선언〉 100장이 들려 있었다.

이때 이종암은 혼자였다. 이종암은 사회주의 운동자들이 의열단의 암살·파괴 노선을 실효성이 없다며 폄하하자 1925년 동경에서 폭탄 거사를 결행해 의열 투쟁의 일대 전기를 만듦으로써 그런 비판을 종식시키겠다고 결심했다. 김원봉과 많은 단원들이 중국군에 입대해 훈련을 받으려고 황포군관학교가 있는 광동으로 이사 갈 준비를 하는 동안, 이종암은 동경 폭탄 거사를 실행하는 데 필요한 군자금을 국내에서 모금할 계획을 수립했다. 그는 1만 원의 자금이 마련되면 혼자 동경으로 가서 폭탄 거사를 감행할 생각이었다.

밀양에 당도한 이종암은 내일동 미곡상점 맞은편 골목에 몸을 숨긴 채 줄곧 주위를 살폈다. 점포 안에 손님이 없고, 길에도 행인이 없을 때를 기다리는 것이다. 이윽고 호기가 왔다. 이종암이 날렵하게 몸을 날려 가게 문을 드르륵 열었다. 손님이 왔나 싶어 고개를 들던 김병환이 달려와 그를 껴안는다

"이게 누구신가! 부단장 동지 아니오?"

웃음꽃이 활짝 피어나니 김병환의 얼굴은 문득 화사한 봄날 진달래가 만발한 마을 뒷산처럼 따스한 기운으로 가득해진다. 그러나 이종암은 오랜만에 동지를 만난 사람의 얼굴 같지가 않다. 김병환이 걱정이 되어 묻는다.

"신병이 깊다는 소문이 사실인 모양일세. 안색이 아주 안 좋아."

이종암이 쓸쓸하게 웃으면서 대답한다.

"괜찮습니다. 어째 몸은 성하신가요? 다친 데는 없고요?"

암살 파괴 거사를 추진하다가 붙잡혀 3년 동안 옥살이를 하고 나왔으니 독한 고문도 당했을 것이다. 김병환이 너털웃음을 지으면서 말한다.

"이젠 다 괜찮다네. 나는 그래도 고향에 거주하고 있으니 고생이랄 것도 없지 않나? 만주 벌판에서 국내까지 오가며 하루도 편히 못 쉬고 온갖 고초를 겪고 있는 국외 동지들한테야 견줄 일도 아니지."

김병환이 은밀히 사람을 시켜 밀양에 있는 고인덕과 한봉인, 마산의 배중세, 고령의 신철휴, 진주의 이동현 등 여러 의열단원들을 모았다. 한봉인을 제외한 다른 사람들은 모두가 암살 파괴 사업 때 일제에 붙잡혀 옥고를 치른 인물들이었다. 황상규와 윤세주는 여전히 감옥에 갇혀 있어 만날 수가 없었다.

동지들과 반갑게 인사를 나누고 나서 이종암이,

"다들 아시다시피 김지섭 동지가 일본 왕궁에 투탄을 하는 엄청난 거사를 실행하였소. 비록 폭탄은 터지지 않았지만 추강이 살신성인의 자세로 보여주고자 했던 민족독립과 반침략 평화주의의 메시지는 일제와 세계 인류에게 뜨겁게 던져졌소. 다만 폭탄이 확실하게 터졌더라면 얼마나 좋았을까 하는 아쉬움이 남는 것은 사실이오. 일이 그렇게 된 것은 자금이 없어서 무기를 제대로 갖추지 못했기 때문이오. 그래서 몇 달 전에 여러 단원들이 동경 공격 자금을 모으기 위해 활동하다가 안타깝게도 일제에 대거 구속되고 말았소. 내가 아픈 몸을 이끌고 이렇게 단신으로 국내에 들어온 것은 나 혼자라도 동경을 부수고자 함이라오. 1만 원만 모이면 나는 단독으로 동경에 가겠소."
하고 사정 설명 겸 의지를 표명하였다. 모두들 심각한 표정으로 귀를 기울이고 있는 중에 배중세가,

"이제는 종전처럼 총기로 위협하거나 문서를 보내 강제로 군자금을 모금하는 것보다 온건한 방법으로 조달을 해야겠소."

하면서, 이 과제를 두고 오래 고민해온 양 제안 발언을 하였다. 김병환이 물었다.

"무슨 좋은 생각이라도 있는 것이오?"

배중세가 이종암을 진중하게 바라보면서 말했다.

"1만 원만 있으면 혼자서라도 동경을 공격하겠다고 자임하시니… 감히 부단장에게 적의 심장부로 찾아가 목숨을 버리시라고 재촉하는 것만 같아 차마 입에 담기가 난감하오만, 내가 감히 그 경비를 부담할까 하오. 새로운 방식으로 말이오."

아무도 예상하지 못한 뜻밖의 발언이었다. 다들 놀란 기색을 감추지 못하는 채 그를 쳐다보기만 하는 중에 이종암이 말했다.

"배 동지가 혼자서 1만 원을 의연하겠다니 어떤 특별한 방도가 있으시다는 건가요?"

"그렇소. 나한테 그 정도의 군자금을 마련할 만한 수리 사업권이 있소. 우리 의열단원 중 재산이 좀 있는 동지에게 내가 그것을 양도하겠다고 하면 애써 일반 부호를 찾아갈 일도 없을

듯하오."

논의 끝에 배중세는 부산 의열단원 김재수에게 대구 달성군 달서면에 공사 중이던 수리 사업권을 넘기고 5,000원의 군자금을 조달했다. 김재수는 암살 파괴 거사 때 일제에 구속되어 1년 징역에 집행유예 2년을 선고받은 동지였다.

또 배중세는 경남 하동 박종원朴宗源으로부터 포항의 어장을 경영하는 데 투자하는 형식으로 5,000원을 받기로 하고 그 날짜를 10월 15일로 정했다. 그 후, 이종암은 요양을 겸해서 이리 저리로 은신해 다니면서 그 날을 기다렸다.

이종암은 달성군 달성면 노곡동 동지 이기양李起陽의 산장에서 신병을 요양하며 약속한 자금이 오기를 기다리던 중, 11월 5일 경북 경찰부 고등과장 나리토미成富文五가 이끄는 순사들의 습격을 받아 체포되었다. 이때 무기와 혁명 선언서를 모두 압수당했다. 약속한 날 그 돈만 입수되었더라면 무사히 동경으로 갔을 터인데, 박종원으로부터 올 5,000원이 늦어지면서 대사를 그르치게 된 것이었다. 국내로 잠입한 4개월 만의 일이었다.'

이때 일제에 피체된 단원은 모두 12명이었다. 이종암, 배중세, 고인덕, 한봉인, 김재수, 김병환, 이병태, 이병호, 이기양, 신철휴, 이주현, 한일근은 모두 경북 경찰부로 끌려갔다. 사건 경위 조사 과정에서 증거불충분으로 판명된 신철휴, 이주현, 한일근은 석방되었지만, 나머지 9명은 1년 동안 옥에 갇힌 채 온갖 악랄한 고문을 당했다.

다시 5개월여 시간이 흘러 12월 28일 일제는 이종암·배중세·한봉인에게 각각 징역 13년·1년·8월(집행유예 2년)을 선고했다. 그로부터 며칠 지난 신년 초에 김재수, 이병태, 이병호, 김병환, 이기양이 면회를 와서 나석주 지사가 동양척식주식회사 거사를 성공시킨 후 순국했다는 사실을 말해 주었다. 이들은 모두 이종암과 함께 체포되었는데, 일제로부터 1년여 고문을 당한 끝에 두 달가량 전인 11월 2일 풀려났었다.

나석주 지사의 쾌거를 말하면서도 이종암과 그 동지들은 환한 표정을 짓지 못했다. 나 지사가 세상을 버렸기 때문이고, 보름쯤 전에는 고인덕 지사가 대구 형무소 병감病監에서 순국했기 때문이다. 김대지의 비서로 활동했던 고인덕은 징역 10년형을 구형받은 채 옥에서 악랄한 고문을 당했다. 지사는 두 차례나 스스로 목숨을 끊으려 시도했다. 12월 21일, 고문 후유증은 끝내 그를 저 세상으로 데려갔다. 이종암과 김재수·이병태·이병호·김병환·이기양은 창살을 가운데 놓고 서로 마주 보면서 아무런 말도 주고받지 못하는 채로 그저 눈물만 줄줄 흘렸다.

이종암이 감옥에서 들은 마지막 독립운동 소식은 조명하趙明河(1905~1928) 지사의 1928년 5월 14일 대만臺灣 거사였다. 이날 조명하 지사가 일본왕 히로히토裕仁의 장인 구니노미야久邇宮 육군대장을 처단했다. 이종암은 조명하 지사의 대만 의열 투쟁 성공 기별을 들은 뒤 주위 사람들을 둘러보며 이렇게 말했다.

"안중근 선생의 이토 처단 이후 최고의 쾌거를 조명하 지사가 이루었군! 조 지사가 비록 몸으로는 의열단에 가입한 적이 없지만 그 정신만은 한 치도 모자람이 없는 의열단 열혈 단원일세!"

조명하의 일본군 육군대장 구니노미야 처단 거사를 듣고 그토록 기뻐했지만, 이종암의 병세는 점점 위중해졌다. 이종암은 대구형무소에서 대전형무소로 이감되었다가 위장병·인후병·폐병 악화로 사망 직전에 이르러 1930년 5월 19일 형 집행정지 처분을 받았다. 고문으로 사망한 것이 아니라 병으로 죽었다고 변명하려는 일제의 일상적 못된 버릇이었다.

　대구 남산동 형 이종윤의 집[21]으로 돌아온 이종암 지사는 불과 열흘 뒤인 5월 29일 35세 나이에 죽음을 맞이했다. 비통한 소식에 통곡을 멈추지 못하던 독립지사 김대지는 '이종암이 떠났으니 이제 의열단도 끝을 보았구나!'라고 탄식했다[22]. ■

아주 사라져버린 이종암 지사 군자금 조달지 (옛 대구은행 본점)

---

21) 이종암 지사의 출생지는 대구 동구 백안동이다. 대구시는 지사의 형 이종윤 고택 대문에 '이종암 생가'라는 안내판을 붙여 두었다. 잘못이라는 지적이 계속되고 있지만 대구시는 요지부동이다.
22) 김주영(김대지의 손녀), 《줄리아의 가족 순례기》(레드우드, 2014), 57쪽.

서성로 62-1 이일우 고택
이상화의 큰아버지 이일우가 살았던 집
서성로13길 7-20 이상화 생가터
민족시인 이상화가 태어나 살았던 곳
서성로 81 우현서루 터
이상화 할아버지와 큰아버지의 계몽운동유적

이일우 고택 계산동 상화고택에서 이종암 지사 독립운동자금 조달지(서성로1가 52-5, 달서문 터)를 지나 이일우 고택(서성로 62-1), 상화 생가(서성로13길 7-20), 우현서루(서성로 81, 대구은행 북성로지점)를 찾는 경로가 일반적 답사 순서이다. 이일우 고택은 이종암 유적지에서 북쪽(대구은행 북성로 지점)으로 100m쯤에 위치한다. 요즘은 '우현 하늘마당'이라는 현판을 달고 있는데, 대구 중구청이 전시장 및 교육관으로 꾸미면서 그렇게 새 이름을 붙였다. 본디 이상화의 큰아버지 이일우 고택이었으니 그 가문에 관한 내용이 많이 게시되어 있는 것은 당연한 일일 터이다.

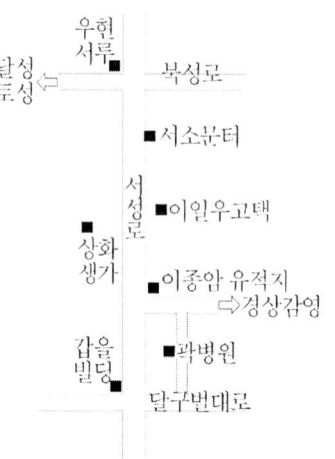

이일우 고택에서 우현서루을 향해 걸으면 거의 망경루 터 (대구은행 북성로지점 네거리) 가까이 갔을 때, 인도 위에 있는 '서소문 터' 표지석을 보게 된다. 서문로교회로 들어가는 골목 입구 지점이다. 서문로교회 자리에는 본래 경상감영의 감옥이 있었다. 현재 사용되는 교회 건물은 1970년에 지어졌다.

서문로교회 남쪽의 중앙교회는 1924년에 설립됐다. 90년 역사를 자랑하는 중앙교회는 제일교회에서 분리돼 독립했다. 대구 경북 최초의 개신교 교회당인 제일교회는 1896년 야소교회당으로 출발했고, 현재 건물은 1933년에 지어졌다.

중앙교회에서 조금 더 남쪽에 이일우 고택이 있다. 이 집은 민족교육기관 성격의 사립도서관 우현서루를 운영했던 이일우 선생이 살았던 집이다.

이일우 고택의 옛 모습

이일우 고택이 대구 읍성 서소문 옆이라는 점을 생각하면 저절로 대구읍성 파괴의 역사가 떠오른다. 대구읍성은 1906년 이래 북성로, 서성로, 남성로, 동성로 순서로 파괴됐다. 이는 북성로가 가장 번창했고, 서성로가 그 다음 번화가였다는 사실을 말해준다. (초가집 수준이 아닌 대구역사驛舍는 1913년에 지어졌다.) 대구역에서 내린 사람들은 경상감영 뒤 약령시와 달서문 앞 대구큰시장(서문시장)을 오갔다. 약령시는 경상감영과 북성로 사이였고, 대구 큰시장은 서성로 달서문 앞이었다. 그것이 북성로와 서성로가 번창할 수밖에 없는 이유였다.

이일우 고택 남쪽에 대구읍성 달서문이 있었다. 이종암 지사 독립운동자금 조달 장소이자 달서문 터에서 동쪽으로 가면 경상감영공원에 닿는다. 이 길의 이름은 서문로西門路. 경상감영에서 달서문까지 이어지는 길이라는 뜻이다.

달서문 터에는 1920년 한국인들이 설립한 첫 은행 대구은행 이 들어섰다(최초 설립은 1913년). 큰시장 바로 앞이었으니 은행 본점이 좋아할 만한 위치였다. 당시 이곳은 대구 최고의 번화가 북성로와 대구 최대 시장 서문시장을 잇는 길목이었던 것이다.

이상화 생가터 중구 서성로13길 7-20 '카페 라일락 뜨락' 일원은 민족시인 이상화의 생가터이다. 본래 주위 전체가 이상화 가문의 가옥들이었는데, 뒷날 지번이 나눠지면서 여러 집터로 바뀌었다. 생가터에서 북쪽 약 200m 위치에 우현서루 터가 있고, 서성로 건너 대략 동쪽으로 100m 위치에 '이일우 고택'이 있다.

우현서루 터 대구 중심부에는 동성로, 서성로, 남성로, 북성로가 있다. 동성로는 아주 유명하고, 북성로는 제법 유명하다. 남성로는 다른 이름인 약전골목으로 명성이 높다. 서성

외벽을 우현서루 건물과 이일우 초상으로 장식하고 있는 대구은행 북성로지점 건물 자리는 우현서루가 있던 곳이다.

로만 이래저래 지명도가 낮다. 남성로는 1658년 이래 경상감영 뒤쪽에 있던 약령시가 1908년 옮겨온 덕분에, 동성로는 현대화 과정에서 도심 한복판으로 발전한 덕분에, 북성로는 해방 이후 공구 골목으로 발전한 덕분에 모두 널리 알려졌다. 서성로는 그런 계기를 갖지 못했다.

서성로에는 우현서루友弦書樓가 있었다. 러시아 블라디보스토크에서 발행된 한글 동포신문 <해조신문>는 1908년 4월 22일 '대구 서문 밖 이일우 씨는 (중략) 우현서루라는 집을 건축하고 내외국의 각종 신학문 서적과 도화를 수 만여 종이나 구입하여 쌓아두고 (중략) 경상 일도 내의 중등학생 이상에 자격되는 자제를 모집하여 그 서루에 머물게 하고, 매일 학술로 강연 토론하며 각종 서적을 열람케 하여 문명의 지식을 유도하며 (중략) 숙식 경비까지 부담한다 하니 국내에 제일 완고한 영남 풍습을 개량 진보케 할 희망이 이씨의 열심으로 말미암아 기초가 되리라.' 하고 보도했다.

현 대구은행 북성로지점 자리에 있었던 우현서루는 이상화 시인의 할아버지 이동진과 큰아버지 이일우가 세우고 운영했다. 김지섭[23] 등 상당수 지사들이 이곳에서 배웠다고 알려진다. 우현서루는 일제에 의해 1911년 강제로 폐쇄됐다.

우현서루 터 뒤편에 넓은 주차장이 있다. 이곳에는 우현서루보다 1년 뒤(1906)에 개교한 달서 여학교가 있었다. 낮에 공부

---

23) **김지섭** : 1924년 1월 3일, 상하이에서 배를 타고 도쿄에 잠입, 일본 궁성宮城 니주바시二重橋에 폭탄을 던졌다. 또 1월 5일 왕궁 진입을 시도하며 폭탄을 던졌으나 3개 모두 불발되고 체포되었다. 1928년 2월 이치가야형무소에서 의문의 죽음으로 순국하였다.

할 수 없는 주부를 위해 야학까지 열었던 달서 여학교(설립자 이상악, 이일우의 장남)의 운영 주체는 이상화의 어머니 김신자 여사가 이끈 '부인 교육회'였다.

우현서루는 대구광학회 사무실로도 사용되었다. 1906년 서울에 설립된 계몽단체 광학사廣學社의 대구지회로 결성된 대구광학회는 광학사와 같은 해 8월에 조직되었다. 광학회가 대한자강회[24]와 밀접한 연관을 맺고 있었던 관계로 대구광학회는 대한자강회의 대구지회 역할도 맡았다. ▪

이상화의 시재詩才가 할아버지 금남 이동진과 큰아버지
소남 이일우로부터 물려받은 가풍家風이라는 사실을
소설 형식에 담아 소개합니다.

해질녘 수성못 정취는 고즈넉하게 느껴지는 것이 보통이다. 그런데 이일우와 이상화에게는 수성못이 그저 따스하고 정겹기

---

24) **대한자강회**大韓自强會 : 1906년에 장지연, 윤치호, 윤효정 등이 조직한 민중 계몽 단체로, 교육과 계몽을 통해 민족 주체 의식을 고취하고 자주독립의 기반을 마련하려는 목적에서 창립되었다. 국채보상운동 이후 고종 퇴위 반대, 순종 즉위 반대, 친일매국단체 일진회 성토 등을 외치며 친일 내각에 도전하다가 1907년 8월 정부 명령으로 해산되고, 같은 해 11월 남궁억, 오세창, 윤효정, 장지연 등에 의해 대한협회로 재탄생한다. 한때 일본인 고문과 이용구의 술책으로 일진회와 연합하기도 하지만 일진회가 한일합병을 주장하자 관계를 끊었으며, 1910년 망국을 맞아 해체된다. (111쪽 각주27에 계속)

만 하다. 방금 윤봉길 의사가 〈빼앗긴 들에도 봄은 오는가〉에 감동해 중국으로 망명했고, 나아가 상해 홍구공원 대거사를 성사시켰다는 이야기를 주고받은 덕분이다.

동학 제2대 교주 최시형은 경천敬天과 경인敬人만이 아니라 경물敬物을 해야 비로소 우주합일의 궁극적 경지에 이를 수 있다고 했다. 하지만 그게 어디 말처럼 쉬운 일인가. 이일우와 이상화는 지금 자신들의 마음에 일어난 심상心象으로 수성못을 이해하고 있다. 수성못의 현재 풍광은 그 자체로 오직 본연의 모습일 뿐이고, 가녀린 놀빛이 만들어낸 고운 물결 또한 인위人爲가 아니라 천품天稟일 따름인데, 두 사람은 스스로의 경험과 인식에 바탕하여 임의로 수성못을 받아들이고 있는 것이다. 그래서 사람이다.

줄곧 술잔을 기울이며 두 사람은 못의 물결과 저 아래 수성 들판을 응시하고 있다. 이윽고 이상화가 말한다.

"백부님! 수성못을 보고 있으니 조부님께서 쓰신 시 〈생조술회生朝述懷〉가 생각납니다."

생조술회生朝述懷는 생生일날 아침朝 감회懷를 적었다述는 뜻이다. 이일우가 고개를 끄덕이며 대답한다.

"그래 … 〈생조술회〉가 있지 …."

화두는 끄집어냈지만 머릿속에 〈생조술회〉가 가득 차는 바람에 정작 다음 이야기를 잇지 못하는 조카를 보며 이일우가,

"어째서 유독 그 시가 지금 떠올랐느냐?"

하고 묻는다. 그제야 이상화가,

"수성들에 보리가 한창 익어가는 정경을 보니, 조부님께서 〈생조술회〉에 보리를 언급하셨다 싶었습니다."

〈생조술회〉의 내용을 짚어보느라 잠시 눈을 감고 있던 이일우가 중얼거리듯이,

"그렇구나… 그렇구나…."

하였다. 그리고는 이어서,

"네가 할아버지의 시를 모두 기억하고 있으니 가상하구나!"

라는 말로 조카를 칭찬했다. 그런데 그 뒤에 붙은 꼬리가 제법 이상하였다.

"네가 아주 천방지축인 줄만 알았더니, 앞으로는 다시 보아야겠구나. 윤봉길 의사 건도 그렇고 말이다."

이상화가,

"어휴, 백부님도!"

하며 탄식 비슷한 소리를 흘리다가, 조금 어색한 장면을 벗어나기라도 하겠다는 듯이,

"본래 한시漢詩지만 제가 우리말로 옮겨서 한 번 읊어보겠습니다."

하고는, 〈생조술회〉 국역시를 나지막하게 읊기 시작한다.

옛날 오늘 내가 처음으로 태어났는데
오늘이 거듭 돌아오니 백발이 되었구나
나이 들수록 더욱 그리워지는 부모님
낳고 길러주신 정 어찌 잊을 수 있으랴
매실 노랗고 비 그치며 보리가 익어가니
남극성 빛나며 하늘 또한 다시 밝아오네
젊어 부지런히 공부 못해 지금 모자라니

자식들이여, 효도하는 사람이 되기를 바라노라[25]

조카가 낭송해주는 국역 〈생조술회〉를 들으니 '아버지께서 하세하신 지가 벌써 27년이나 되었구나!' 싶은 감회가 일어, 이일우는 문득 만감이 교차한다. 이동진은 1905년 을사늑약을 앞두고 세상을 떠났다.

'아버지께서는 자식들이여, 효도하는 사람이 되기를 바라노라 하셨는데 … 내가 과연 효자인가 …?'

오늘도 그렇지만, 아버지를 생각할 때마다 이일우는 우현서루를 유지하지 못한 자신이 너무나 한스럽다. 우현서루는 별세를 앞둔 이동진이 필생의 염원을 담아 펼친 두 갈래 큰 사업 중 하나였다.

'그런데 그것을 나는 약 6년 만에 없애고 말았어 ….'

생각할수록 기가 막히는 일이다.

'두 과업 중 첫째인 〈이장李庄 만들기〉는 살아생전에 성사시켰으니 하등의 여한도 가지실 리 없지만, 둘째인 우현서루가 당신께서 하세하고 얼마 지나지 않아 금세 소멸되어 버렸다는 사실을 아시면 저 세상에서도 '(땅이 아니라) 하늘을 치고' 대성

---

25) 원시는 한문으로 "昔年此日我初生/ 此日重回白髮成/ 老大偏深風樹感/ 劬勞敢忘蓼莪情/ 黃梅雨歇麥初熟/ 南極星輝天復明/ 少不勤工今莫及/ 願言兒子樹風聲"이다. 자신을 낳아 키운 부모의 고생을 劬勞라 하고, 그에 따라 자신의 생일을 劬勞日이라 했다. 《성남세고》〈유사(이일우)〉에 따르면, 이동진의 생일을 맞아 누가 잉어 예닐곱 마리를 누가 선물했다. 이동진은 "부모의 구로일劬勞日에 어찌 생물을 해칠 수 있겠느냐!"면서 잉어들을 강물에 놓아주었다.

통곡을 하실 것이야…'

그 한에 사무친 이일우는 (우현서루가 일제에 의해 강제로 폐쇄당한 이래卒爲拘於時閉鎖自後) 세상일을 끊었다. 문을 닫고 칩거했다杜門蟄伏. 다만 집안의 일만 엄숙히 다스렸다只自肅淸家庭間事而已. 틈 날 때마다 아들 상악(1932년 현재 46세), 상무(39세), 상간(34세), 상길(31세), 조카 상정(36세), 상화(31세), 상백(28세), 상오(27세) 들을 모아놓고 이장李庄을 설립한 자신의 아버지, 즉 아들과 조카들의 할아버지 이동진의 정신세계에 대해 훈화를 하는 일은 그 중에서도 특별한 집안 대사였다. 물론 막내아들 상성은 이제 겨우 네 살에 지나지 않으니 교육 대상이 된 적이 없었고, 항일운동을 하느라 동에 번쩍 서에 번쩍하며 (건전한 의미에서) 동가식서가숙東家食西家宿을 일삼는 상정은 그 회합에 빠지기 일쑤이다가 마침내 중국으로 망명해 버렸지만, 그래도 이일우는 아들과 조카들을 모으기만 하면 "갑오년 봄에甲午春…" 하고 이야기를 시작했었다.

"할아버지께서는, '230두락의 땅을 인척들에게 나누어주셨고以二百三十斗地, 특별히 400두락의 땅을 출연하여分給于姻戚特捐四百斗地 종족 가운데 혼인하거나 상례를 치르거나 가뭄이 들었을 때 구휼 경비로 삼게 하셨다俾爲宗族中婚嫁喪葬及饑荒救恤之費. 개인(이동진)의 땅이 아니라 이씨 집안 공동소유 토지라는 의미의 이장李庄이라는 이름은 거기서 연유했지.

그렇게 하시면서 할아버지께서는 '내가 수십 년 동안 일하여 얻은 것이지만此吾數十年勤勞得者也 그것이 세상의 공물이라는 사실을 잘 알고 있으므로然以知其天地間公物 함부로 마음대로 사용하지 않았고固不敢私自擅用 마음대로 사용하는 것은 단지 이것뿐이니而所擅用者只此而已 아마도 용서받을 수 있을 것이다其或恕之耶否. 변변치 못한 내가 감히 위대한 인물들의 행동을 흉내내려 하니以若斗筲之手敢擬車斛之用 오히려 부족할까 근심스럽다尙患不足. 곤궁한 벗들과 가난한 이웃에게까지 미칠 겨를이 없는 것이 유감이지만未遑於窮交貧憐可恨 훗날 어떤 사람이後來某人中 내가 오늘 미처 하지 못한 일을 잊지 않고 시행할 것이다倘不忘今日未遑之事而行之哉.'라고 말씀하시었다.

'훗날 어떤 사람'이 누구겠느냐? 바로 우리다. 우리가 그 일을 해야 한다. 근검절약하고, 헛된 일에 낭비를 해서는 안 되며, 그러면서도 큰일에는 오히려 돈을 쓸 줄 알아야 한다. 할아버지께서 우현서루를 여신 것도 그런 취지를 현실에 옮긴 언행일치의 한 사례라는 이야기다. 다들 알고 있겠지만, 두고 두고 명심하렸다!"

이일우는 말만이 아니라 당시 그 어느 명문가도 실행에 옮기지 못한 과감한 조치를 취해 계몽운동가다운 면모를 보여주었다. 우선, 대구 굴지의 민족자본가 이일우가 현진건의 아버지 현경운과 함께 야학을 열어 낮 일과를 마치고 나면 부녀자와 학생들을 가르치는 일에 혼신을 다했으니 그것만으로도 참 대단한 일이었다[26] 그뿐이 아니었다. 일가 사람들을 빠짐없이 모

---

26) (106쪽 각주25에 이어) 1906년 창립된 대한자강회는 1907년 대한협회로 재편되었다. 1908년 9월 15일 대한협회 대구지부는 두

아놓고 놀라운 선포를 하였다.

"아버지께서 남기신 뜻을 이어받을 수 있는 중요한 결정을 오늘 하기 위해 여러분들을 이 자리에 모이라 하였소. 나의 말을 들어본 뒤 이견이 있거나, 더 좋은 방안이 있으면 서슴지 말고 발언하기 바라오."

그날 월성이씨 문중 사람들은 이일우의 발표를 듣고 뒤로 나자빠졌다. 이일우는 이렇게 말했다.

"기제 폐지!"

기제사忌祭祀를 지내지 않겠다? 기제는 선조께서 돌아가신 당일에 지내는 제사다. 이일우의 선언은 봄과 가을에 선조께 절을 하는 것으로 타계 당일 제향을 대신하겠다는 말이었다. 요역하면 '제사를 지내지 않겠다!'는 선언이었다.

좌중이 들썩였지만 이일우가 발언을 이어갔으므로 일단 잠잠해졌다.

"차례를 지낼 때에도 누룩으로 빚은 술과 대주, 밤, 제철 과일 세 가지, 그리고 생선포와 육포 두 가지만 상에 얹는다!"

"제기祭器는 대나무 그릇으로 한다!"

갑론을박이 대단했지만 결국 기제사를 지내지 않는 것으로

명의 부장을 두었는데, 이일우를 실업부장, 현진건의 아버지 현경운을 교육부장을 맡겨 '쌍두마차'로 일하게 했다. 대한자강회의 연락기관이 광학사였는데, 우현서루가 대구광학회 사무소였다. 교육부장 현경운은 대한협회 대구지부 부설 '대구노동야학' 교장도 맡았다. 이때 이일우는 야학 교사로서 밤이면 부녀자와 청소년들을 가르쳤다.

논의가 끝났다. 1920년대에 그토록 파격적 가풍家風을 만들었으니 이장가는 참으로 시대를 앞서간 가문이었고, 그렇게 이끌어 간 이일우는 대단한 계몽운동가다운 언행일치의 선구자였다.

물론 대구 시내 유명 유림 가문들 사이에는 이장가의 조치를 놓고 말이 무성했다. 하지만 절약으로 사회에 좋을 일, 즉 세도世道에 도움이 되겠다는 데 뭐라고 공격하기도 어려웠다. 엄청난 사재를 들여 우현서루를 설립하고 운영한 집안 아닌가!

그렇지만 … 우현서루를 잃고 말았다. 국권을 상실한 끝에 당한 우현서루 폐쇄였으니 이일우 자신의 불찰 탓은 아니었는데도 그는 그것이 너무나 괴로웠다. 그 마음이 결국 세상일에 관심을 버리고 두문불출하는 형태로 나타났다.

그런 생활이 20년 이상 이어지고 있는 중에, 조카가 쓴 시를 읽고 윤봉길 지사가 상해 홍구공원 의거를 이루었다는 놀라운 소식이 들려왔다. 그 말이 사실인가! 정말인가! 민족의 명운을 환하게 밝히는 데 큰 도움이 될 엄청난 대거사에 조카가 한 몫을 했다니! 까마득히 오랜만에 기분이 가벼워진 이일우는 조카 상화를 수성못 오두막 주막으로 불러내었다. 게다가, 어수선한 짓에나 열중하는 줄 여기고 늘 못마땅하게 흘겨보았던 조카가 〈생조술회〉를 줄줄 암송하는 광경까지 보니 지난 20년간 하염없이 울적했던 마음이 돌연 상쾌해졌다. 시쳇말로, 살다 보니 이런 날도 있구나! 이일우는 마치 나라를 되찾기라도 한 듯 흥겹다. 스스로 '이 무슨 경거망동인가!' 하며 자책을 할 정도였다.

상화가 그런 백부의 기분을 알기라도 하는 양 불쑥 추임새 같은 말을 토로한다.

"백부님! 이 수양버들 수령이 수백 년 이상 되었다 합니다. 그렇잖아도 품새가 대단한데, 가지와 잎사귀들이 바람에 살랑살랑 흔들리니 세상 보기드문 풍경이 빚어지는 듯합니다. 백부님께서 시를 한 수 지으셔야 되겠습니다."

이일우가 웃음을 터뜨린다.

"예끼! 천하의 대시인 앞에서 무슨 작시를 한단 말이냐!"

그러면서도 이일우는 상화의 이어지는 말에 더욱 흡족해진다.

"아닙니다, 백부님! 저의 시재는 조부님과 백부님으로부터 물려받은 것이라는 세평이 자자합니다. 제가 조부님과 백부님의 문장을 암송할 수 있는 것은 후손이기 때문이기도 하지만, 두 분의 시가 뛰어난 문학성을 가지고 있기에 가능한 것입니다. 그렇지 않으면 쉽사리 외어지겠습니까?"

웃음이 만면한 얼굴로 이일우가,

"그래? 나라가 알아주는 대시인이 그렇게 말하니 내가 문득 시흥이 북돋아 나는구나! 좋다! 네가 양류楊柳를 시제로 띄웠으니 내가 한 수 읊어보겠노라."

하면서 즉흥시를 수성못 물결 위로 흘려보낸다.

含煙帶雨繞長洲 함연대우요장주
一半牽愁一半幽 일반견수일반유
細弄風鞭低拂馬 세농풍편저불마

翠成雲黛暗登樓 취성운대암등루
新詞裊裊春將暮 신사요뇨춘장모
羌笛鳴鳴月未休 강적명명월미휴
老去猶憐垂釣客 노거유린수조객
下枝堪許繫漁舟 하지잠허계어주

이상화가 자리에서 일어나 박수로 화답을 한 다음 〈양류〉를 우리말로 풀어서 다시 읊조린다.

안개비 머금은 기운이 긴 모래톱을 감싸니
절반은 근심을 끌어오고 절반은 그윽하여라.
간들간들 바람 채찍 나지막이 말에 스치고
푸른빛 검푸른 구름 슬그머니 누각에 오르네.
새로운 노래 웅얼거리니 봄은 저물어가고
피리소리 삐삐 올리자 달빛은 사라지지 않네.
늙어갈수록 오히려 낚시하는 나그네가 좋아
아래가지에 낚싯배 매어두는 것을 허락하네.

이일우가 박장대소를 하면서 조카를 또 칭찬한다.
"네가 번역을 하니 시 수준이 하늘같이 올라가는구나! 꿈보다 해몽이 낫다는 속담이 여기서도 통할 줄 미처 몰랐다! 하하하!"
상화도 웃는다. 수성못에 여리게 진 노을빛이 점점 고와져간다.
- 이 글은 현재 집필 중인 《장편소설 우현서루》의 일부입니다.

중구 달성공원로8길 1 앞 달성토성
광복회가 결성된 우리나라 독립운동의 성지

순종, 달성공원 방문 1946년 8월 8일 달성'공원' 안에 있던 일 신사의 내부가 철거되었다. 달성達城은 국가 사적이다. 국가 사적 달성에 '달성공원'이라는 다른 이름이 붙어 있고, 신사가 설치되어 있기도 했다는 말은 그곳이 볼 것도 많고 생각할 것도 많은 곳이라는 사실을 짐작하게 해준다.

달성토성에서 가장 먼저 볼 것은 공원 안이 아니라 밖이다. 본래 달서천이 흘렀지만 복개되어 도로가 되고 주차장이 되어버린 곳에서 달성토성의 동쪽 성벽인 가파른 절벽을 쳐다보아야 한다. 산 속에 들어가서는 산을 볼 수 없듯이, 성도 밖에서 보아야 진면목을 알 수 있기 때문이다.

달성도 해자가 있고, 높은 절벽이 있고, 그 위에 성을 쌓았으니 적군의 공격을 방어하기가 좋았을 것이다. 261년에 쌓은 달성은 101년에 만들어진 경주 월성의 축성술과 비슷한 면모를 보여준다. 이 모습은 성 안이 아니라 밖에서 보아야 실감나게 확인할 수 있다.

달성의 특성을 확인하기 위해 해자 터와 가파른 절벽 성곽을 가장 먼저 본 다음, 정문을 통과하여 이른바 '순종 나무'로 간다. 이 일본산 향나무는 1909년 1월 12일 이토 히로부미의 강요에 따라 달성공원을 방문한 순종이 심은 '기념 식수'로 전해지는(확실하지 않다는 뜻) 역사가 서린 나무이다. 무엇을 기념했다는 것일까?

순종은 이 날 공원 내 천황 요배전 앞에서 기생 공연을 즐겼다. 이토는 조선국 왕을 경부선에 태워 마산까지 끌고 다닌 후 다시 대구로 돌아왔다. 순종의 달성공원 등 순회는 이제 곧 조선이 일본의 식민지가 된다는 사실을 만천하에 암시하는 행위였던 셈이다.

순종은 우리의 홍살문과 비슷한 도리이鳥居 아래를 통과해 '순종나무' 뒤편의 요배전으로 왔다. 그러므로 오늘 달성공원을 찾아온 방문자도 정문을 통과하여 공원 중심부까지 왔다면 대체로 순종나무와 도리이 터를 지나게 된다. 하지만 무심코 지나왔기 때문에 치욕의 역사를 되새길 겨를이 없었을 터이다.

도리이

국사를 잊어버리는 종족은 반드시 멸망한다는 것이 역사의 교훈이다. 그런 점에서, 성공했더라면 망국을 겪지 않았으리라 싶은 역사의 가설을 생각하게 해주는 곳으로 간다. 동학 교주 수운 최제우 동상이다. 경주 태생인 수운의 동상이 순교 100주기인 1964년을 맞아 달성공원 안에 세워진 것은 그가 대구에서 처형되었기 때문이다.

'순종나무'에서 수운 동상으로 간다. 이 동선을 걷지 않으면 동상을 못 보고 달성공원을 답사하게 된다. 정문 오른쪽으로 돌아 관풍루로 가거나, 바로 왼쪽으로 돌아 상화시비 방향으로 가면, 수운 동상을 비켜 가게 된다. 동학군은 외세에 저항하여 창의했는데, 수운 동상은 일선동체日鮮同體를 조장하기 위해 일제가 심은 일본 향나무에 둘러싸여 있다. 일제 잔재가 청산되지 않은 탓이다.

일본향나무에 에워싸인 최제우 동상

달성이 최초로 공원화한 때는 1905년이다. 하지만 역사유적 달성을 공원화한 것은 대한제국이 아니다. 일제가 그렇게 했다. 신라 때 토성이 쌓이고, 공양왕 때 석축이 덧쌓였으며, 그 이후 조선 초기까지 줄곧 관청 소재지로 활용되었고, 1598년에는 경상감영까지 설치되었던 민족의 역사적 터전을 일제는 아무것도 아닌 공원으로 만들었다. 민족정신을 흐리려는 정치 음모의 일환이었다. 그런데 아직도 달성은 공원으로 유지되고 있다.

그렇게 된 데에는 우리나라의 정치가와 행정가들도 단단히 한몫을 했다. 1969년에는 달성을 현대화된 공원으로 만들었고, 1970년에는 동물원까지 설치했다. 설계는 영친왕의 아들이 담당했다. 게다가 1971년 5월 5일에는 우리나라의 대통령이 꽃사슴을 기증하여 공원화와 동물원화에 더욱 박차를 가했다. 우리 스스로도 민족의 역사유적에 서린 정기를 무너뜨리는 데 부역했던 것이다.

정문 왼쪽의 '달성공원 안내판'에는 달성이 풍납토성과 더불어 우리나라의 고대 토성 건축술을 말해주는 중요 유적이라고 적혀 있다. 하지만 해자였던 달서천 복개로 이미 본모습을 거의 잃어버렸고, 최제우 동상을 일본향나무가 둘러싸고 있으며, 역사유적 달성이 공원으로 전락한 실상을 알고 보니 안내판의 해설은 오히려 민망하게 느껴진다.

관풍루부터 성곽 위를 걷는다. 울창한 숲에 가려 성곽 아래가 내려다보이지는 않지만, 그래도 우리나라 고대 토성 건축의 전형을 보여주는 성곽 길을 걷는 기분은 아주 괜찮다. 200m가량 걸은 뒤 왼쪽으로 내려가면 여기서부터는 항일 유적들이 나타난다. 1919년 만세운동 때 체포되어 옥고를 치른 서예가 서동균을 기려 세워진 '죽농 서동균 선생 예술비', 상화 시비, 허위 순국비, 이상룡 구국 기념비가 그들이다.

지금까지 걸은 길을 돌이켜본다. 나라가 망해가던 1909년에 조선의 마지막 임금 순종이 이토 히로부미의 강요로 달성공원을 찾아 '기념식수'한 일본 향나무를 보았고, 성공하지 못한 동학 혁명을 말해주는 최제우 동상을 보았고, 국가 사적이 공원이 되고 동물원이 되어버린 자취를 보았고, 친일파가 부수어버린 대구읍성과 경상감영의 흔적 관풍루를 보았다. 달성공원 안으로 들어와 지금까지 대체로 망국의 흔적을 둘러보았던 것이다.

그러나 이제는 저항의 뜨거운 역사를 찾는다. 가장 먼저 나타나는 것이 만세운동 때 투옥된 '죽농 서동균 선생 예술비'이고, 그 다음이 '빼앗긴 들에도 봄은 오는가'의 민족시인 이상화를 기리는 '상화 시비'이다. 1948년에 세워진 '상화 시비'는 우리나라 최초의 시비로 이름이 높은데, 빗돌에는 '나의 침실로'의 일부가 새겨져 있다. '빼앗긴 들에도 봄은 오는가'가 새겨져 있으면 더 좋지 않았을까…!

죽농 서동균 선생 예술비

상화 시비를 뒤로하고 조금 아래로 내려온다. 원숭이 울을 지나면서 바로 달성서씨 유허비가 나타난다. 이곳에 달성서씨 유허비가 세워진 것은 첫째, 달성공원 일대가 본래 달성 서씨네 땅이었기 때문이다.

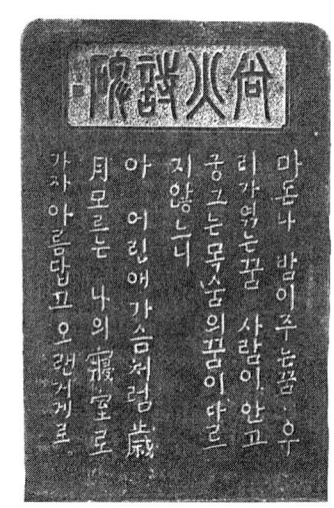

상화 시비

둘째, 세종대왕 시절 정부에서 달성 서씨 집안을 보고 이곳을 정부에 헌납하면 그 대신 넓은 땅과 큰 벼슬을 주겠다고 했을 때 서침 선생이 보여준 위대한 반응 때문이다.

서침 선생은 "다른 땅도 벼슬도 원하지 않고, 대구 사람들의 환곡을 감해주면 충분하다."라고 답변, 이를 성사시켰다. 대구사람들은 서침 선생의 덕행에 감복하였고, 1665년 연구산(제일중학교)에 그를 기려 구암서원을 열기도 했다. 또 우리나라에서 처음 세워진 달성공원의 '어린이헌장 비' 옆 거대한 회화나무에 '서침나무'라는 이름을 붙여 그를 숭앙하고 있기도 하다.

달성서씨유허비 바로 아래에 이상룡[27) 구국비가 있다. 이상

이상룡 구국비

27) **이상룡** 독립군 기지 확보를 위해 만주 망명을 결정한 1909년 신민회 비밀 간부회의의 방침에 따라 많은 독립운동가들이 고향을 떠난다.

룡은 임시정부 국무령을 역임한 독립운동가로, 조국 해방을 보지 못한 채 1932년 이국땅에서 병사했다. 망국을 앞둔 1909년 신민회 간부들은 망명 투쟁을 결의했고, 이상룡도 안동의 집 임청각(보물)과 전답을 팔아 독립운동 자금을 마련하여 온 가족과

이상룡도 조상 대대로 살아온 임청각을 팔아 마련한 독립운동 자금을 들고 1911년 1월 5일 안동을 떠난다. 온 가족이 걸어서 1월 12일 추풍령 아래에 닿고, 거기서 기차를 타고 서울로 간다. "머리는 자를 수 있지만 무릎을 꿇고 종이 될 수는 없다." 2월 7일에야, 먼저 만주로 떠난 처남 김대락이 살고 있는 횡도촌에 닿았다.

이상룡은 1925년 임시정부의 국무령으로 활동하는 등 1932년 병사할 때까지 줄곧 항일투쟁에 매진했다. 본래 임시정부는 대통령제였는데, 임시정부 의정원이 미국의 조선 위임 통치를 주장한 이승만을 탄핵하였고, 2대 대통령 박은식에 이어 이상룡이 직무를 물려받았다. 이상룡은 대통령제가 국무령제로 바뀐 뒤 취임했다.

신민회 1907년 양기탁, 안창호, 이동휘, 신채호, 김구, 이동녕, 박은식, 이회영, 이상재, 이시영, 윤치호 등 독립협회 청년 회원들이 중심이 되어 만든 비밀 결사단체이다. 입헌군주국을 지향한 독립협회와 달리 공화정 체제를 추구했다. 회원끼리도 서로 알 수 없게 점조직으로 꾸려졌음에도 1910년에는 주요 애국계몽운동가 대부분이 가입했으며, 군 단위까지 지부를 두었다. 평양 대성학교 등 국내에 학교를 많이 세웠고, 국외에 독립운동 거점 마련을 위해 신흥무관학교를 설립, 독립군을 양성했다. 신흥新興은 '신新민회가 나라를 부흥興시킨다'는 뜻이었다.

안동 임청각 16세기 건물인 안동 임청각은 우리나라의 가장 오래된 민간 주택 중 한 채로, 아직 70칸이 남아 있다. 그런데 임청각은 철길에 붙어 있다. 이상룡이 만주로 망명하자 일제는 민족정기를 끊는다며 철길을 그렇게 가설했다.

함께 중국으로 건너갔다.

　이상룡 구국비 바로 아래에 허위 순국비가 있다. 허위 비는 1962년, 이상룡 비는 1963년에 세워졌다. 허위는 이상룡보다 앞선 시대의 독립운동가로, 1895년 을미의병, 1907년 정미의병 등에 창의한 의병[28]대장이다.

허위 순국비

---

　28) **의병 전쟁의 의의** : 의병 전쟁은 외세의 침략에 대항하여 일어난 민족 구국 운동이었다. 비록 일본의 정규군을 물리치고 자주 독립을 성취하지는 못했지만 우리 민족의 강인한 저항 정신을 세계에 알리는 데에는 부족함이 없었다. 나아가 국권 회복을 위해 무장 투쟁을 주도한 의병 전쟁은 일제 강점기 항일 무장 독립 투쟁의 기반이 되었다.

　구한말 경북 출신 3대 의병장 : 1895년 을미의병 때의 이강년과 허위, 1905년 을사의병 때의 신돌석은 경북이 낳은 대표적인 의병장이었다. 그 중 신돌석은 의병장의 대부분이 양반인 데 반해 평민 출신이라는 점에서 특이한 존재였다.

1895년 을미의병 때 허위는 김천에서 수백 명의 의병을 편성, 대구로 진격하려다가 1896년 3월 관군에게 패했다. 다시 남은 의병을 수습, 직지사에서 충북 진천까지 진격했지만, 의병 해산을 명하는 고종의 밀지를 받고 부대를 해산한 후 학문에 전념한다.

1904년 일본 규탄 격문을 살포하는 등 활동을 펼치다가 일본에 체포되고, 1905년 최익현 등과 함께 다시 일본군에 체포되어 4개월간 구금되었다. 1907년 고종 강제 퇴위와 군대 해산을 맞아 경기 연천에서 다시 의병을 일으켜 일제와 전투를 벌이고 매국노들을 처단했다. 1908년 1월 13도 창의군의 서울 진격 때는 선봉장을 맡아 동대문 밖 30리까지 진격했다. 하지만 지원군이 늦어 서울 점령에는 실패했다.

그 이후에도 허위는 임진강, 한탄강 일대에서 일본군을 무찌르고, 매국노들을 처단했다. 이완용은 그에게 대신이나 관찰사 자리를 주겠노라 회유했다. 허위는 단연코 이완용의 회유를 물리치고 계속 투쟁했지만, 끝내 1908년 일본군에 체포되어 10월 21일 순국했다.

허위 순국비에서 옆으로 내려가면 테니스장이 나타난다. 국가사적지 안에서 테니스를 치고 있는 풍경이라니! 테니스장 철망 밖에 나뒹굴고 있는 신사 잔재를 본다. 돌을 기증한 일본인의 이름이 새겨져 있다. 1966년 신사를 철거할 때 어쩌다 남은 돌이 이곳으로 굴러와 자리를 잡은 모양이다. 1945년에 독립을 이루었는데 일본 신사는 1966년에야 부쉈다고?

일제는 우리의 국가사적 달성에 서려있는 민족혼을 말살하기 위해 1905년 이곳을 최초로 공원화했고, 1906년에는 자기들 천황에게 절을 하는 요배전을 지었다. 그리고 본격적인 신사는 1914년에 건립되는데, 해방 이후 1946년에는 내부만 철거한 후 단군을 기리는 천진전天眞殿으로 1966년까지 20년 동안 사용되었다.

신사 주춧돌에서 몸을 돌리면 바로 향토역사관 안으로 들어간다. 달성의 역사만이 아니라 대구 일원의 긴 시간을 보여주는 곳이다. 하지만 달성'공원' 안에도 향토역사관 내부에도 대구의 독립운동에 관한 중요한 표식은 빠져 있다. 달성은 ㄱ당과 대한광복회가 결성된 독립운동의 성지이다. 하루라도 빨리 이 사실을 시민들이 알 수 있도록 기념물 조성 또는 안내판 건립 등의 조치를 취해야 한다.

ㄱ당 : 'ㄱ'은 한글의 첫째로, 한국의 바탕을 의미한다. 또 'ㄱ당'이라 하면 단체의 성격이 드러나지 않으므로 비밀 유지에 유리하다. ㄱ당이라는 이름은 그런 인식을 바탕으로 지어졌다. 1928년 4월 무렵, 노차용盧且用, 장택원張澤遠, 정대봉鄭大鳳, 이상화李相和, 문상직文相直 등은 문상직의 하숙집에 모여 독립운동을 위해 새로운 단체를 결성하자는 데 합의한다. 이들은 야학 운동과 강연회 활동 등으로는 독립을 달성하기 어려우므로 직접적인 방략이 필요하다는 데 인식을 같이했다.

신간회 부산지회의 이강희李康熙, 의성지회의 유상묵柳尙默 등이 대구에 온 것을 계기로 5월 20일 달성공원에서 창당했다.

'청년들을 모아 광동 군사학교에 유학시키고 만주 방면의 미개지를 개척, 실력을 양성하여 조선 혁명 독립'을 이룬다는 목적을 내걸었다.

강령은 '① 조선민족의 절대 해방을 기한다. ② 우리 운동의 활동무대는 만주에 둔다'로 정했다. 행동강령은 타협을 배제한 절대해방과 독립운동의 근거지를 만주로 이동시키는 것이었다. 재무부에 노차용, 장택원, 조사부에 이강희, 유상묵, 연구부에 정대봉, 문상직의 임원을 두었다.

독립운동 자금을 확보하기 위해 1928년 6월 11일 노차용, 곽동영 등이 둔산동의 부호 김교식金敎式의 집을 찾아가 잡지 발행 비용 명목으로 5천원의 약속어음을 요구했다. 위협에 못 이긴 김교식은 '도장을 숙부가 가지고 있으니 후일 등기우편으로 보내겠다.'라고 약속했는데, 다음날 아침 대구경찰서에 의해 모두 검거되면서 조직이 해체되고 말았다.

광복회 : 1910년대 대표 무장 독립운동 단체로, 경상북도 풍기의 광복단光復團과 대구의 조선국권회복단朝鮮國權回復團 등이 통합되어 1915년 8월 25일 달성공원에서 결성되었다.

광복회는 국권 회복과 독립 달성에 설립 목적을 두었고, 만주에 무관학교를 설립하여 독립군을 양성하고, 무력이 갖춰지면 일제와 전쟁을 치른다는 계획에 따라 행동했다. 조직은 본부에 총사령 박상진朴尙鎭, 지휘장 우재룡禹在龍, 권영만權寧萬, 그리고 재무부와 선전부를 설치했다. 만주 부사령에 이석대李奭大를 임명했고, 이석대가 순국한 후에는 김좌진金佐鎭을 파견했다.

또 1915년 12월 길림吉林에 만주 본부 성격의 '길림 광복회'를 설치했는데 우재룡, 주진수朱鎭洙, 양재훈梁載勳, 손일민孫一民, 이홍주李洪珠 등이 참여했다. 경기도 지부장 김선호金善浩, 황해도 지부장 이관구李觀求, 강원도 지부장 김동호金東浩, 평안도 지부장 조현균趙賢均, 함경도 지부장 최봉주崔鳳周, 경상도 지부장 채기중蔡基中, 충청도 지부장 김한종金漢鍾, 전라도 지부장 이병찬李秉燦 등 전국에 지부를 두었다.

대구 달서구 두류공원 '우재룡 공적비, 흉상'

광복회는 경북 영주, 대구, 삼척, 광주, 예산, 연기, 인천, 중국 단동, 장춘 등 국내·외 곳곳에 연락기관을 두었다. 대부분 곡물상회를 차려 운영했다. 회원들은 곡물상회에 모여 회의도 하고, 군자금 모집 및 의혈 투쟁 활동 본거지로 활용했다.

군자금을 마련할 겸 일제가 징수한 세금을 탈취하기 위해 경주 광명리에서 우편마차를 공격하기도 하고, 일본인 소유의 영월 중석광과 운산 금광 수송마차를 공격하기도 했다. 위조지폐도 만들고, 대구 일원 부호들을 상대로 자금을 모집하다가 회원들이 체포되기도 했다.

광복회는 친일 분자들의 경각심을 일깨울 겸 자금모집을 원활하게 추진하기 위해 그들을 처단하는 투쟁도 전개했다. 의협투쟁은 경상도, 충청도, 전라도에서 이루어졌다. 그러나 1918년 1월 총사령 박상진을 비롯해 김한종·임세규林世圭·김경태金敬泰·채기중이 사형선고를 받아 순국하고, 다수의 회원들이 체포되고 말았다.

광복회는 국내 독립운동이 제대로 펼쳐지지 못했던 1910년대에 활동을 전개함으로써 민족역량이 3·1운동으로 계승되는 기반을 마련했다. 또 활발한 무장투쟁을 펼침으로써 의열단 등 1920년대 의열 투쟁의 선구적 역할을 감당했다. 그런데! 달성 '공원'에는 광복회를 말해주는 안내판 하나 없다! ☯

대구 달성토성에는 아무 것도 없지만 충남 사람들은 예산군 광시면 깊은 산중에까지 광복회 충청도 지부장 김한종 지사를 기리는 기념관을 세워 자신들의 독립운동 선열에 대한 섬김 정신을 '과시'하고 있다.

달성토성에 서려 있는 최고의 역사는 '1910년대에 가장 활발하게 활동한 독립운동단체(제5차 교육과정 고등학교 국정 국사 교과서)' 광복회가 1915년 8월 25일 이곳에서 창립된 사실입니다. 역사적인 광복회 창립 장면을 소설 형식으로 소개해 드립니다.

1914년 여름, 의병대장 허위의 수제자 박상진은 채기중을 만나고, 이어 우재룡을 만났다. 채기중과는 구면이었고, 우재룡과는 초면이었다. 특히 우재룡은 독립지사들의 만나자는 제안에 평소 긍정적이지 않다는 소문이어서 박상진을 한동안 고심하게 했다.

박상진이 두 사람을 찾아간 것은 양제안의 권유에 따른 행동이었다. 박상진은 1911년 국내·외 지사들의 연락 및 회동 장소로 삼기 위해 중국 단둥과 신의주에 여관을 설치하기도 하고, 1912년에는 독립활동 군자금을 모으기 위해 대구 약전골목에 상덕태상회를 차리기도 했다. 하지만 1910년 봄부터 어언 4년에 걸친 항일 투쟁을 돌이켜 볼 때 뚜렷이 이룬 바가 없었다.

그런 생각에 젖어드니 박상진은 마음이 쓰렸다. 그는 조선최초의 판사 시험 합격자였다. 하지만 스승 허위가 서대문형무소 설립 제1호 사형수로 순국하는 상황을 겪자, 판사가 되어봤자 결국 일본의 앞잡이 노릇이나 할 뿐이라는 사실을 통감했다. 그래서 판사 임용을 거부하고 만주로 건너가 이상룡, 김대락, 이시영, 신채호, 양기탁, 이윤재, 김좌진, 손일민, 양제안 등 무수한 독립지사들을 만났고, 앞으로 어떻게 할 것인지 토의했다.

이때 양제안과 손일민은 단둥과 신의주에 연락소 목적으로 설치한 여관 운영을 책임지고, 다른 사람들은 만주에서 직접 군사를 조련하고 일반 농민들의 농사를 독려하며, 박상진은 국내 조직과 군자금 모금을 책임지기로 했다.

'그런데 이게 무슨 꼴인가!'

스스로의 무능과 책략 부족을 한탄하면서 박상진은 다시 압록강으로 달려갔다. 안동여관에 머물면서 여러 선배 지사들을 만나 재삼 고견을 들을 계획이었다.

"고헌(박상진) 왔는가?"

남들이 무심히 보면 그저 연로한 여관 주인일 뿐인 양제안이 반가이 맞아준다. 여관방 벽에 등을 기댄 채 반쯤 누워 있던 박상진이 놀란 아이처럼 후다닥 일어선다. 양제안은 박상진의 생부 박시규보다 훨씬 연배가 위였고, 박상진의 스승 허위에 견줘도 불과 다섯 살 아래였다. 또 양제안은 허위와 청송에서부터 익히 서로 잘 알고, 친근한 사이였다.

뿐만 아니라, 양제안은 김천에서 금산의진이 일어나 허위가 참모상을 맡았을 때 중군장으로 나란히 참전했고, 충북 진천으로 북상했다가 고종의 명에 따라 의병을 해산할 때까지도 풍찬노숙을 함께 한 동지였다. 당연히 박상진의 양제안에 대한 예의는 각별했고, 양제안 또한 박상진이 허위의 제자라는 사실을 알고부터는 낯선 타향에서 친조카를 만난 듯 너무나 살갑게 대해줬다.

"그 후 왕산(허위)은 경기와 서울에 줄곧 머무셨고, 나는 홍주 의진에 참여한 후 고향으로 돌아와 잠시 학교를 열었는데, 그때 영천 보현산 일대에서 산남의진이 일어서기에 뒤에서 도

왔지."

'그 후'는 허위와 양제안이 의병을 해산한 이후를 말하고, 고향은 정환직 의병대장이 산남의진의 본부를 두었던 보현산 중턱 두마리를 가리킨다. 정용기는 1907년 10월 6일 두마리보다 약간 아래인 양지마을에서 숨을 거두었는데, 1906년 3월 산남의진을 창의할 때에는 두마리에 있는 양제안을 찾아와 조언을 구한 바 있었다. 지금은 박상진이 양제안에게 조언을 구하려 하고 있다.

박상진의 고민을 들은 양제안이 묻는다.

"고헌은 왕산 스승은 말할 나위도 없고, 우리나라 모든 의병들이 왜적을 물리치기 위해 어떤 방법을 채택했다고 보나?"

박상진이 대답한다.

"무력으로 격퇴하려 하였지요."

"신흥 강습소는 무엇을 하려고 설립되었다고 보는가?"

"일본군과 맞서 싸울 군인을 양성하기 위해섭니다."

"조선국권회복단의 강령을 말해 보게."

박상진이 말한다.

"첫째, 한국의 주권을 회복한다. 둘째, 매년 정월 15일 단군의 위패 앞에 목적 수행을 기도한다. 셋째, 단원은 마음대로 탈퇴하지 않는다. 넷째, 비밀을 누설하지 않는다. 다섯째, 만약 이를 누설할 경우는 하늘의 벌을 받는다. 여섯째, 결사대로 하여금 살육하게 한다."

"그렇다면 부호들에게 군자금을 요청할 때 총을 쏠 생각을 해본 적이 있는가?"

"······ 무슨 말씀이신지?"

"고헌은 총을 호신용으로 소지하고 있는가? 아니면, 단순 위협용으로 가지고 있나? 그리고 말인데, 살상을 하지 않는다는 사실을 상대가 알면 그게 위협이 되겠는가?"

"······."

"미국이나 영국 보고 도와달라고 애걸복걸한다고 해서 우리가 독립이 될 리는 없지 않나? 부지런히 부를 축적하고 개인마다 능력을 신장시키면 언젠가 독립을 이룰 수 있다고도 말하지만, 일제가 그러는 우리를 가만히 보고 있겠는가? 그래서 조국을 떠나와 모두들 고생하고 있는 것 아닌가? 국내에서 활동하면서 만주로 갈 사람을 모으고, 군자금을 모집하여 독립지사들에게 보내려면 용사가 필요해! 의병으로 실제 전투를 해본 역전의 용사를 찾아 함께 의열 투쟁을 하고, 나아가 무력 전쟁을 해야 독립을 쟁취하는 데 도움이 되는 성과를 거둘 수 있을 것이야."

어금니를 깨물며 박상진은 '알겠습니다!'를 속으로 되뇌었다. 양제안이 다시 말을 잇는다.

"채기중을 만나보게."

"두어 해 전에 여기서 조우한 적이 있는 선비 아닙니까? 의관을 정제해 있는 모습이 아주 눈에 띄는 분이었습니다만······."

"그렇지. 그 사람이 요즘 크게 활약을 하고 있다네."

양제안이 계속 말을 이었다.

"교남교육회와 신민회에서 활동한 이동하라는 양반이 있는데, 뒤에는 이강년 의병부대에 들어 왜적과 싸웠지. 나중에 부대가 해체되자 문경 새재 아래에서 민단조합이라는 비밀 결사를 조직해 상주읍을 공격하기도 하고, 선산 장승원으로부터 군자금을 뺏으려고 시도하기도 했다네. 모두 실패로 끝났지만, 작년 11월에는 제천의 근북 면사무소를 습격하여 100여 원을 탈취했어. 대단한 투쟁 아닌가? 그런데 근북면을 공격할 때는 민단조합만이 아니라 영주 풍기의 광복단도 가담을 했지. 광복단이 결성된 때가 작년(1913년) 정월로, 핵심 역할을 한 사람이 바로 채기중일세."

면사무소를 공격하여 군자금을 확보했다는 말에 박상진의 귀가 번쩍 뜨였다. 우리 민족이 낸 세금을 되찾아 독립군 운동에 보탠다면 그야말로 일석이조 아닌가!

"광복단은 채기중, 김원식, 정성산 세 사람이 재산을 합해서 설치한 기관일세. 영주가 경기와 경상도를 오가는 길목에 있어 사람의 왕래가 잦은 곳인 만큼, 그곳에 머물면서 오르내리는 사람들 중 의진 활동 경력이 있는 이들을 중심으로 모험 용사를 규합했는데, 벌써 80여 명을 모았다네. 의지가 아주 군건한 선비이니 두 사람이 만나서 의기투합하면 앞으로 큰일을 도모할 수 있을 걸세."

"대단한 분이로군요. 곧 찾아뵙도록 하겠습니다."

박상진은 채기중을 만나면 뭔가 새로운 길이 트일 것만 같다는 좋은 예감에 사로잡혔다. 그런 생각으로 은근히 미소를 머금고 있는데 양제안이 '허허!' 하고 너털웃음을 지었다.

"내가 소몽(채기중)과 연전에 사돈을 맺지 않았겠는가!"

박상진이 깜짝 놀라면서

"그렇습니까? 어쩐지 먼 곳 소식을 너무나 소상히 아신다 싶었습니다 ……. 그런데 소몽 선생과는 연배에 차이가 있지 않으신지요?"

박상진과 양제안은 25세 차이가 났다. 채기중은 박상진보다 12세 위였고, 양제안은 다시 채기중보다 13세 연상이었다. 서로 서로 열 살 이상 터울이 났으니 동년배는 아니었다. 그래서 박상진이 '사돈 맺을 연배가 아니지 않습니까?' 하는 물음을 던진 것이다. 양제안이 '허허허!' 웃음을 터뜨렸다.

"혼사는 양가의 아들과 딸이 서로 혼인을 할 만한 나이면 되는 것이지 혼주들의 연령이 대순가?"

그러면서 그간의 사연을 설명했다.

"내가 산남의진을 돕다가 우재룡이 잡혀간 이후로 중국으로 와서, 홍주 의병을 같이 했던 이세영을 비롯해 이상룡, 양기탁, 이병옥, 김좌진 등 여러 지사들을 만났지. 채기중에 대해 들은 것은 다시 고향 두마리로 돌아가 잠시 머물 때로, 김봉초와 정성산 두 분이 찾아와 시국을 논하던 중에 '풍기에 의사가 있다'면서 소몽의 활약을 말했고, 내가 풍기로 가서 소몽과 하룻밤 간담을 토해보니 생사를 같이할 만한 인물이라, 드디어 자식들 혼례를 맺기로 하고 초례 날짜까지 잡은 뒤 다시 만주로 왔었지 뭔가. 허허허!"

양제안은 채기중에 이어 우재룡에 대해서도 말했다.

"우재룡이 의형으로 모신 정용기 의병장이 마지막 숨을 거둔 곳이 내 고향마을 두마리 아래의 양지마을이었다네. 참담한 일이 있고 나서 의병장의 아버지 정환직 공이 아들을 대신해 군사를 이끌었는데, 그 분 역시 왜적의 손에 세상을 떴지. 스물 넷 젊은 나이에 산남의진의 선봉장을 맡아 용맹과 의기를 보여 주었던 우재룡은 그 후로도 팔공산 등지의 유격 전투 책임을 맡아 부단히 일제에 맞섰는데, 마침내 체포되어 종신 유형을 받고 옥에 갇혔어. 답답한 마음을 가눌 수 없어서 내가 중국으로 지사들을 찾아온 건 바로 그 직후일세."

"그런데 어째서 종신유형을 받은 용사가 풀려난 이후 산골에서 조용히 은거를 하고 있는지 모르겠습니다. 한번 잡혀가 갖은 고문을 당하고 나니 그도 어쩔 수가 없었던 것일까요?"

궁금함을 참을 수 없어 박상진이 한꺼번에 여러 질문을 토한다.

"그가 풀려난 것은 이른바 '합방 특사' 덕분이었다네. 일제가 우리 땅을 아주 침탈한 것을 자축하여 지사들을 출옥시켜 주었으니, 그의 석방은 나라가 망한 대가였던 셈이지. 우재룡의 꼿꼿한 성질에 어찌 그것을 감내할 수 있었겠나? 스스로 나라를 구하지 못한 패군 병사를 자임하면서 그렇게 은거하고 있는 것이라네. 그런 기질의 사람일수록 한번 결심하면 앞뒤 재지 않고 진심을 다해 투쟁 전선에 서니, 고헌이 그를 만나 서로 마음을 맞출 수만 있다면 앞으로 독립운동을 하는 데 있어 최고의 동지를 얻게 되는 걸세."

양제안은 말만 하는 데 그치지 않고 아들 양한위를 우재룡에게 보내 자신의 의중을 전하였다. 양한위로부터 '왕산 허위 선생의 제자에 박상진이라는 훌륭한 청년이 있소. 나이도 선봉장(우재룡)과 동년배이니 특별히 좋은 벗이 될 수 있을 것이오.

그와 깊은 대화를 나누어 본 뒤 독립운동에 헌신하기로 결심을 굳혀 주면 바랄 바 없겠소.'라는 양제안의 말을 전해들은 우재룡은,

"미미한 패군지졸을 찾아 의사들이 자꾸 연락을 해오니 참으로 몸둘 바를 모르겠소. 소몽 선생도 같은 말씀을 하시었소." 하였다. 양한위는 우재룡이 거절을 할 것 같아 내심 마음을 졸였다.

양한위가 찾아오기 전에 이미 우재룡은 채기중과 만난 바 있었다. 양제안으로부터 연락을 받은 채기중은 즉시 우재룡에게 연통을 넣었고, 두 사람의 만남이 이루어졌다. 하지만 그 만남에서 우재룡은 '나라를 망하게 한 패군지졸이 무슨 면목이 있어 세상에 나서겠소? 그저 산골에 갇혀 죽은 듯이 지내겠소.' 할 뿐이었다.

그 후 박상진은 채기중을 찾아가 만났고, 그와 의기투합했다. 그때 '계속 은거하겠노라'는 우재룡의 심중도 전해 들었다. 박상진은 고심 끝에 자신이 찾아갈 테니 허물치 말아달라는 서신을 우재룡에게 띄웠다. 양한위가 왔을 때 우재룡은 박상진의 서한을 막 읽고 난 뒤였다.

그런 상황이었는데, 우재룡의 입에서 뜻밖의, 적어도 양한위로서는 짐작하지 못한 말이 나왔다.

"무슨 염치로 의사를 먼 이곳까지 내왕하시게 하리오. 고헌이 지금 풍기에 머무르고 있다 하니 내가 그리로 찾아가 한번 만나보리다."

양한위는 돌연 기분이 기꺼워졌다. 우재룡이 풍기로 발걸음

을 하겠다는 것은 그만큼 마음을 열었다는 증좌가 아닌가.

사실 우재룡은 박상진이 왕산의 으뜸가는 제자라는 말을 듣는 순간부터 마음이 흔들렸다. 출옥 후 대구 성서면 신당리로 갔다가, 이내 김천 지례로 옮겨가 잠시 머물렀던 우재룡이다. 지례는 우재룡이 수형 생활을 할 때 만나 마음으로 존경했던 오사로 선생의 거주지였다. 오사로는 그에게 우이견禹利見이라는 별명을 지어주었다.

"이익이 되는 것을 보거든 그것이 옳은가를 생각하라는 견리사의見利思義에서 따왔네. 자네의 언행과 썩 들어맞으니 앞으로는 이 이름을 이명으로 쓰게. 그러면 아무도 알아보지 못할 거야. 왜놈들이 끈질기게 자네를 감시하니 여러모로 조심을 하시게."

이윽고 박상진과 우재룡 두 사람이 처음으로 대면하는 자리가 만들어졌다. 이 자리에는 채기중도 함께 좌정을 하였다.

"고헌은 왕산 선생의 고제라 들었소. 비록 선생은 뵈온 바 없어 인사를 드리지 못했으나, 선생의 뛰어난 제자를 만났는데 어찌 아무 말도 없이 지나칠 수 있겠소. 늦었지만 감사의 말씀을 올리오."

통성명을 하고 나자 대뜸 우재룡이 그렇게 말하였다. 허위가 산남의진을 도와 2만 냥의 군자금을 보내준 데 대한 사례 인사였다. 우재룡의 발언에 박상진이 약간 당황한 듯했다.

"별 말씀이시오. 결코 스스로를 두고 스승님의 고족 제자라 여겨본 바도 없지만, 스승님께서 뜻하신 바 있어 행하신 일에 대해 어찌 감히 인사말씀을 대신 들을 수 있겠소."

채기중이 지나치게 예의범절을 갖추고 있는 두 사람을 가리켜 '이래서야 무슨 재주로 허심탄회하게 심중을 터놓고 격의 없이 대화를 나눌 수 있겠소!' 하며 짐짓 나무랐다. 그제야 세 사람이 모두 얼굴에 웃음기를 띠게 되었다.

"뵙자고 하였으니 먼저 서두를 꺼내겠소."

박상진이 말문을 열었다.

"일제가 금수강산을 짓밟은 지 어언 다섯 해가 지났는데도 나라를 되찾겠다는 우리의 결의는 아직 미미하기 짝이 없소. 국외로 나간 지사들도 외교론, 실력배양론, 무장투쟁론 등 서로 다른 말만 무성하게 토해낼 뿐 성취하는 바는 별로 눈에 띄지 않는 실정이오. 나는 그 동안 약 5년에 걸쳐 허탄한 활동을 조금 해본 끝에 '이런 방식으로는 나라를 되찾을 수 없다'는 깨달음을 얻고, 중국과 국내의 숱한 지사들을 만나 지혜를 모아보았소. 백산이 니의 어리석은 생각을 들어본 뒤 고견을 말씀해 주시면 고맙겠소이다."

"허, 별 겸양의 말씀이시오. 일제 감옥에 갇혀 지내다 치욕적으로 풀려난 뒤 줄곧 산골에 갇혀 지낸 탓에 아무 것도 알지 못하는 사람에게 무슨 고견이 있겠소. 그저 말씀이나 들어보십시다."

"일본놈들을 이 땅에서 몰아내기 위해서는 전국과 국외를 아우르는 거대한 결사 조직을 가동시켜야 합니다. 국내에는 도마다 지부를 설치하고, 지부장은 동지를 규합하고 자금을 모집하는 책임을 집니다.

전국의 부호들에게 군자금을 의연하도록 설득하되, 일제에 밀고하는 등 독립운동을 방해하는 친일 반역자들은 처단합니다.

시기가 도래했을 때 군사를 국내로 진입시키기 위해 가장 가까운 만주의 산속에 사관학교를 세워 독립군 부대를 양성해야 합니다. 마찬가지 이유에서, 길림 정도에 독립기관 본부를 설치해 두어야 합니다.

조선에 사는 농민들을 만주로 이주하게 하여 그곳에서 농사를 지음으로써 독립기관들과 군대의 식량을 조달해야 합니다.

구미 제국과 외교를 구축하며, 지나와 노령에 머물러 있는 동포들과도 서로 내응할 방도를 마련해야 합니다."

우재룡은 '저의 항일 투쟁 노선은 한마디로 독립전쟁론입니다.' 하고 끝맺는 박상진의 말을 듣자 답답했던 오장육부가 한꺼번에 말끔히 씻겨 내려가면서 속이 청명한 가을 하늘처럼 시원해지는 기분이었다. 출옥 후 들려온 말들은 온통 친일파들이 준동하는 이야기, '우리는 망해도 할 말이 없는 나라와 족속이야.' 등의 속 터지는 자기모멸, '국가를 회복하려면 모두가 실력을 갖추어야 하니 섣부른 짓 하지 말고 각자 자기 직분에 최선을 다하자.' 따위의 답답한 소리들뿐이었다.

'이런 꼴을 보려고 정환직·정용기 부자 의병대장을 비롯한 지사들이 하나뿐인 목숨들을 허망하게 버렸단 말인가 …!'

그런데 박상진이 쏟아내는 뜨거운 목소리는 달랐다.

'과연 왕산 선생의 고제다운 사람이구나!'

우재룡이 마음 깊이 감동을 느끼면서 박상진을 상찬했다.

"고헌의 말씀을 들으니 나라를 회복하는 일도 머잖은 장래의 현실로 느껴지는구려. 참으로 왕산 선생의 고족 제자답소이다."

"전혀 사실에 부합하지 아니하는 과찬의 말씀이시오. 그저 나라 안팎에서 들은 고견들을 종합해본 데 불과하오."

겸손해하는 박상진을 한동안 바라보던 우재룡이 조금은 굳은 얼굴이 되어 물었다.

"다만 한 가지, 고헌에게 물어보고 싶은 것이 있소. 세간에 들리기를 요즘 독립운동을 하는 지사들은 백성 모두가 나라의 주인이 되는 공화주의를 추구할 뿐 왕정복고는 배척한다 들었소. 우리 의병들은 나라를 되찾기 위해 왜적과 싸운 사람들인데, 그렇다면 고헌은 새 나라를 건국하겠다는 포부요?"

얼마 전에 채기중에게도 들었고, 또 대답했던 내용이다. 박상진은 망설이지 않고 단숨에 말했다.

"왜놈들부터 몰아내고 난 뒤에 복벽이냐 공화냐를 두고 논쟁을 해도 늦지 않을 것입니다. 막강하고 무도한 적의 수탈과 압제에 시달리고 있는 우리가 국권회복 이후의 정치 체제를 두고 다투느라 여념이 없으면, 세계만방 어느 나라가 이 민족을 돕겠습니까? 왜적 격퇴에 진력을 다하는 것이 지금 우리가 선택해야 할 상책이고, 왕정복고냐 공화주의냐 하며 갑론을박에 매달리는 것은 하책이라고 생각합니다."

박상진의 말이 끝나자 우재룡이 그의 손을 덥석 잡았다.

"옳은 말씀이오. 복벽이냐 공화냐는 광복을 회복한 후에 생각합시다. 나라가 일제의 것인데 우리끼리 왕정복고니 공화주의니 하고 말다툼을 해본들 무슨 의미가 있겠소. 앞으로 우리는 모두 마음과 힘을 합쳐서 나라를 되찾는 투쟁에 일로매진하십시다!"

우재룡은 아주 호쾌하게 박상진에게 호응하였다. 채기중도 그랬지만, 우재룡 역시 빈대 잡으려고 초가삼간을 불태우는 식의 어리석고 용렬한 인간형이 아니었던 것이다.

내심 조국 광복 이후 나라가 어떤 모습이어야 하는가에 대한 생각은 서로 달랐지만 그에 개의치 않기로 맹세한 박상진·채기중·우재룡 세 사람은 이날 이후 조선국권회복단의 일부 강경파 회원들과 풍기 광복단, 그리고 전국 각지와 만주에 흩어져 있는 뜻 맞는 동지들을 새 결사체 속으로 규합하는 일에 전력을 바쳤다.

가장 먼저 한 일은 소속 단체가 달리 있는 채기중과 박상진이 풍기의 광복단과 대구의 조선국권회복단을 통합하여 새로운 결사체를 조직하기로 뜻을 모은 일이었다. 광복단은 처음부터 무장 투쟁 노선을 걸어온 단체였으므로 조직원들이 새 단체에 들어오는 일이 쉬웠지만, 조선국권회복단은 사정이 달랐다. 박상진은 조선국권회복단의 단원들 중에서 김재열·변상태·이시영·정운일·홍주일·황병기 등 강경 성향 인물들과 만나 '풍기 광복단과 합쳐 새로운 비밀결사를 조직하자.'고 제안했다. 조선국권회복단은 그 자체로 계속 활동하되 일부 회원만 새 단체에 이중으로 가입해서 무장 투쟁의 힘찬 노선을 걷자는 이야기였다.

그 이후 박상진은 대한독립의군부의 기존 조직을 광복회로 이끌어내는 일에 정성을 쏟았다. 1912년 고종의 밀지를 받고 전국 규모 독립운동 결사체 창립을 도모하기 시작한 임병찬은 그해에 전라남·북도 조직을 완성한 후, 이듬해 2월 경기와 강원

지역까지 지부를 결성했다. 임병찬은 서울, 강화, 개성, 수원, 광주에 지역 본부를 설치하고, 드디어 평안도와 함경도 지부를 조직하기 위해 활동에 박차를 가했다. 하지만 5월 23일 조직 실체가 탄로나면서 대한독립의군부는 해체되고 말았다. 박상진은 본인도 허위의 아들 허학, 충남 청양의 사위 이기영 형제, 경남 함안 출신 의병장 정재호, 허위 의병진에 들어 일제와 싸운 정철화 등과 함께 대한독립의군부에 가입해 있었으므로, 의군부에 가입하여 활동한 독립지사들을 광복회로 이끌어낼 수 있었다. 이 성과에 힘입어 광복회는 전국만이 아니라 만주까지 이어지는 거대한 조직으로 뻗어갈 수 있었다.

박상진은 또 강원도 삼척의 김동호, 서울의 김노경을 만나 회원으로 가입시켰다. 채기중은 전라도의 이병호와 충청도 예산의 김한종을 입회시켰다. 김한종은 홍주 의병 출신 인사들을 다수 가입시켰다.

우재룡은 만주로 가서 주진수·양재훈·손일민·이홍주 등과 만나 광복회 만주 지부 성격의 길림 광복회 건설을 추진했다. 뒷날 박상진과 사돈 관계로 맺어지는 이정희도 이석홍·유진태·권영목 등을 회원으로 만들었다.

진보의진 출신의 권영만과 이강년 의진 출신의 조용필도 처음부터 광복회 주요 단원이 되었다. 광복회 창립 이전부터 활동해온 풍기 광복단에서 채기중·유장렬·유창순·정진화 등이, 민단조합에서 강병수·정운기 등이 맹렬 회원이 될 것을 다짐하며 입회한 것이야 말할 나위도 없는 일이었다. 박상진·채기중·우재룡에게 힘을 모으라고 독려했던 양제안 역시 마찬가지였다.

만주에서 만난 인연으로 박상진으로부터 가입 권유를 받은 이관구는 해주의 양택선·고후조·이문성·오찬근·이학희, 중화의 윤헌, 봉산의 박원동, 영변의 유준희, 대천의 박동흠, 박천의 양봉제·임용승, 풍천의 조용승·조백영, 정주의 조현균, 용강의 최정현, 신천의 이근석·한성근, 웅진의 이화숙 등 황해도와 평안도 지사들을 다수 가입시켰다.

이윽고 회원이 200명에 도달했다. 모두들 기라성 같은 인재들이었다. 도 지부장을 맡고, 군 단위 책임자를 맡을 주요 인사들이었다. 이들이 나서서 조직을 키우고, 독립운동 자금도 모금할 터였다.

"준비가 어지간히 된 듯싶습니다. 서둘러 새 단체를 창립해야겠습니다."

박상진이 말했다. 전국 도별 활동과 만주 활동을 이끌어갈 지도부가 갖춰졌으니 본격적으로 활동을 하려면 조직에 체계를 세우고, 강령 등 활동 지침도 갖추어야 하는 것이다. 권영만이 뒤를 이어 말했다.

"그렇소. 지금까지는 독립운동에 목숨을 던질 지사들을 모집하느라 애썼지만, 이제부터는 구체적으로 활동을 해야지요."

우재룡이 얼굴에 흐뭇한 웃음을 띠면서 대화에 가담했다.

"돌이켜보면 참으로 우리 모두가 열성을 다해 애썼다는 생각이 듭니다. 고헌이 대한독립의군부와 조선국권회복단 지사들, 그리고 평안도와 황해도 지사들을 새 단체에 다수 가입시킨 것과, 소몽 선생께서 풍기 광복단과 민단조합 지사들을 상당수 입회토록 한 것은 정말 대단한 업적이었습니다."

채기중이 손사래를 치면서 우재룡의 말을 가로막는다.

"별말씀을 다하시오. 일우(김한종)가 충청도 예산에서 풍기까지 400리(160km) 길을 걸어와 스스로 우리와 함께 생사를 같이하겠다고 맹세하고는, 성달영·성문영·윤병일·유창순·권상석·김경태·한훈 같은 홍주 의병 출신 지사들을 많이 회원으로 모신 일은 우리 결사가 전국 조직으로 커지는 데 큰 힘이 되었지요."

박상진도 말을 거든다.

"백산(우재룡)이 산남의진 의병으로 함께 활동했던 손량윤·손기찬 같은 분들을 입회시킨 것도 큰 공로이지만, 특히 10여 차례 이상에 걸쳐 압록강을 건너가 평안도에서 의병장으로 활약하신 이진룡 지사를 비롯해 주진수·양재훈·손일민·이홍주 등등의 기라성 같은 지사들을 모신 것은 우리 단체가 군자금을 모아 만주로 보내고, 그곳에 군사학교를 세울 계획인 것을 생각하면 정말 대단한 성과였지요. 이진룡 지사는 또 이문성·박원동·변동환·조선환·양택선·우동선 같은 평안도 의병 출신 독립운동가들을 여러 분 모셨지요."

이번에는 우재룡이 손사래를 친다.

"아이고, 진짜 별말씀이시오."

박상진이 다시 말한다.

"새 단체는 '의병의 후신'[29]이라 할 만합니다. 어디 그뿐입니까? 계몽주의 계통에서 활동 중인 분들도 많이 가입하였습니다. 나라 안 모든 도와 만주에까지 조직을 갖췄습니다. 비밀·폭동·암살·명령을 중요 강령으로 내건 우리의 진심은 두루 통했습니

---

29) 광복회, 〈광복회 부활 취지 급 연혁〉, 《광복회》(1945)

다. 이제 서둘러 결성식을 가진 후 일제를 몰아낼 때까지 있는 힘을 다해 정진합시다."

그렇게 창립 준비를 하는 사이, 광복회 결성을 서두를 일이 생겼다. 박상진은 전국 단위의 크고 새로운 결사체 조직을 준비하는 중에도 조선국권회복단의 일원으로서 독립운동 자금 모금 활동을 펼쳤다.

그러던 중인 1915년 4월, 최준명 등 조선국권회복단 단원들이 대구 부호 서창규의 집을 찾아갔다. 회복단의 첫 군자금 모집 활동이었다. 그러나 아무 소득도 얻지 못했다. '돈이 없다.'는 서창규의 한 마디로 끝이었다. 입씨름만 하다가 돌아섰다.

두 달 뒤, 이번에는 김재열·정운일·최병규가 권총을 들고 서창규의 집을 방문했다. 권총은 박상진이 만주에 오가면서 10정을 구입해 놓은 것으로, 그 동안 김재열과 최준명이 나누어서 보관해 왔다.

"이번에는 권총이 있으니 두 달 전과는 아마 다를 것이오."

다들 그렇게 호언했지만 결과는 마찬가지였다. 권총을 이마에 갖다 대어도 여전히 서창규는 '돈이 없다.'고 버텼다. 결국 2차 군자금 모집 활동도 기대와는 까마득히 거리가 멀었다.

조선국권회복단이 독립운동 자금 모금에 나선 것은 오랜 논의 끝에 취한 행동이었다. 회원들이 대체로 재력 튼튼한 유지들이었기 때문에 단체 유지에는 하등 경제적 문제가 없었다. 하지만 중국에서 활동 중인 독립운동 단체와 지사들에게 자금을 보내기에는 너무나 역부족이었다. 결국 여러 차례 머리를 맞댄 끝에 부호들을 상대로 모금 활동을 벌이기로 했다.

서창규로부터 당한 홀대는 박상진에게 새 결사체 창립을 서둘러야겠다는 결심을 안겨주었다.

'역시 이런 식으로는 안 돼. 의병 전쟁 경험이 있는 지사들을 많이 조직하여 강력한 결사체를 하루 속히 발족해야 해. 그렇게 해야 제대로 된 항일 투쟁을 할 수 있어!'

박상진, 채기중, 우재룡, 김한종, 권영만 등은 경주 녹동 469번지에 모여 새로운 결사단체 창립을 위한 주요 사안들을 결정했다. 비밀결사의 이름에 '광복'을 넣음으로써 새 단체가 무슨 일을 하려는 것인지 선명하게 드러내기로 했다. 박상진, 채기중, 우재룡, 김한종, 권영만 등은 모두가 적당한 은폐조차 용납할 마음이 없는 사람들이었던 것이다.

회의 끝에 사령 박상진朴尙鎭, 지휘장 우재룡禹在龍과 권영만權寧萬으로 본부 최고 지도부를 구성하고, 경상도 지부장에 채기중蔡基中, 충청도 지부장에 김한종金漢鍾을 선임했다. 이어서 전국 도 단위 지부장을 누가 맡으면 좋을까에 대해서도 논의했다. 그 후 나라 곳곳을 순회하며 회원 가입을 권유하러 다닐 때에 당사자를 만나 본인의 의중과 결의를 확인했는데, 결과적으로 전라도 지부장에 이병찬李秉燦, 경기도 지부장에 김선호金善浩, 황해도 지부장에 이해량李海量, 강원도 지부장에 김동호金東浩, 평안도 지부장에 조현균趙賢均, 함경도 지부장에 최봉주崔鳳周가 각각 임명되었다.

연락기관 두 곳도 책임자가 정해졌다. 단둥 안동여관은 손일민孫一民, 봉천 삼달양행은 정순영鄭淳榮에게 임무가 주어졌다. 전체 사무를 총괄하는 일은 이복우李福雨가 맡게 되었다.

경주 녹동 469번지는 박상진의 집이었다. 채기중과 김한종은 멀리서 이곳까지 오가느라 시간과 발품이 엄청나게 소모되었다. 그래도 임박한 창립 일자를 생각하면 어쩔 도리도 없었다. 다만 박상진은 그럴 필요가 없었다.

또 한 사람, 우재룡도 그럴 필요가 없었다. 우재룡은 박상진·채기중과 만나 독립투쟁에 헌신하기로 맹세하자마자 1914년 11월부터 경주 박상진의 집 인근으로 이사와 살면서 시간을 아껴 밤낮으로 일했다. '우재룡 같이 성질이 꼿꼿한 사람일수록 한번 결심하면 앞뒤 재지 않고 진심을 다해 투쟁 전선에 서니, 그와 마음을 맞출 수만 있으면 앞으로 독립운동을 하는 데 있어 최고의 동지를 얻게 될 걸세.'라고 한 양제안의 예언이 고스란히 적중한 순간이었다.

1915년 8월 25일, 대구 달성공원에서 드디어 결성식이 열렸다. 건장한 장정들이 갑자기 대거 운집하면 일경의 시선을 사로잡을 수도 있으므로, 요란하지 않게 창립 행사를 진행해서 자칫 벌어질지도 모를 사고를 예방하기로 했다. 환호와 함성은 없애고, 다만 박수 정도만 가볍게 치는 것으로 방침을 정했다.

동·북·서쪽으로 가파른 절벽이 형성되어 있는 달성공원은 입구가 남쪽 한 곳뿐인 까닭에 경비하기가 쉬운 편이었다. 달서천이 흐르는 남쪽 출입구에 네 사람이 지키고 있다가, 수상한 자가 나타나면 본부에 긴급히 연락하기로 했다. 창립대회 참가자가 아닌 일반 민중에게는 '공사 관계로 잠시 공원 출입이 금지되었으니 한 식경 지나 다시 오시오.' 하고 거짓말로 돌려보냈다.

혹시 모를 비상 사태를 대비해 동쪽이 잘 조망되는 관풍루에도 두 명이 올라 달서천 너머를 지켜보았다. 관풍루는 본시 경상감영 정문이었지만, 친일파 대구군수 박중양이 대구읍성을 아주 파괴해버린 1907년 이후 이곳으로 옮겨져 있었다.

창립 장소로는 신사 뒤편이 제격이었다. 신사 건물이 가려주는 덕분에 거기서 누가 무슨 일을 하든 공원 입구에서는 보이지 않았다.

"놈들이 이 자리에 요배전을 지어놓고 저희들 임금을 숭배하며 절을 올렸었는데 작년에는 더 큰 이 신사를 지었다오."

"맞소. 서울 남산에 있는 것보다는 작지만 나라 안에서 두 번째로 웅장한 신사라 들었소."

"놈들이 큰 신사를 지어 놓으니 우리가 결사를 하기에는 딱 안성맞춤이구려. 어불성설이기는 하지만, 감사한 일이오."

"허허허… 왜놈들에게 감사를 한다고? 예끼! 내가 잠시 후 저 신사에 불을 질러버리겠소!"

"안 되오. 일본 군대와 경찰이 몰려올 거요. 우리는 무기도 없는데 어찌 감당하려고 그러시오?"

"허… 그러고 싶다는 말이지, 지금 불을 질렀다가는 뒷감당을 할 수가 없는데 내가 무슨 철부지요?"

박상진이 동지들을 바라보며 7대 투쟁 강령을 발표했다.

"첫째, 우리는 무력을 준비한다. 일반 부호의 의연과 일본인이 불법 징수한 세금을 압수하여 이로써 무장을 준비한다.

둘째, 우리는 무관을 양성한다. 남북 만주에 사관학교를 설치하고 인재를 양성하여 사관으로 채용한다.

셋째, 우리는 군인을 양성한다. 우리 대한의 의병, 해산 군인 및 남북 만주 이주민을 소집하여 훈련하여 채용한다.

넷째, 우리는 무기를 준비한다. 무기는 중국과 러시아에 의뢰해 구입한다.

다섯째. 우리는 기관을 설치한다. 대한, 만주, 북경, 상해 등 요지에 기관을 설치하고, 각지에 지점 및 여관, 또는 광무소를 두어 이로써 본 광복회의 군사 행동의 집회, 왕래 등 일체의 연락기관으로 한다.

여섯째, 우리는 행형부行刑部를 둔다. 우리 광복회는 행형부를 조직하여 일본인 고등관과 우리 한인의 반역 분자를 계속 포살한다.

일곱째, 우리는 무력전을 펼친다. 무력이 완비되는 대로 일본인 섬멸전을 단행하여 최후의 목적을 완성한다."

박상진의 투쟁 강령 발표가 끝나자 나지막하게 박수가 터졌다. 이어 채기중이 앞에 나서서 천지신명께 바치는 결의문을 낭독했다.

"우리는 우리 대한독립권大韓獨立權을 광복하기 위하여 우리의 생명을 바칠 것은 물론이요, 우리의 일생에 목적을 달성하지 못할 때는 자자손손子子孫孫이 계승하여 불구대천不俱戴天의 원수 일본인을 완전 축출하고 국권을 완전히 광복하기까지 절대불변하고 일심전력할 것을 천지신명께 맹세한다!"

환호와 함성이 금지되어 있었지만, 지금에 와서도 모두들 가만히 있을 수는 없다. 그 동안 뜨거운 마음을 애써 억누르고 있던 사람들이 참아온 기세를 한꺼번에 터뜨렸다.

"와! 와와!!"

"만세! 만세!! 광복회 만세!!!"
하늘을 조용히 날고 있던 새들이
갑작스런 고함소리에
화들짝 놀라 푸드득 푸드득
달성 밖으로 날아갔다.
이윽고 참가자들도 모두
공원을 벗어나 유유히
자신의 고향으로 돌아갔다.

사진 : 달성토성 동쪽 성곽의
급한 경사가 그 아래
해자의 존재를 짐
작하게 해준다.

달성공원로8길 10 순종 동상 터, 조양회관 터
대구에서 8·15를 가장 먼저 맞이한 사람들

1945년 8월 15일 드디어 해방을 맞았다. 대구에서 이 소식을 가장 먼저 들은 이들은 달성 앞 조양회관에서 민족의식을 키워가고 있던 청년들이었다. 라디오로 일본 왕의 항복 선언을 들은 청년들은 거리로 뛰어나와 "대한독립만세!!"를 연호했다.

하지만 조양회관은 1982년 망우당공원 깊숙한 곳으로 옮겨졌고, 지금 자리는 이런저런 사무실들로 가득 들어찬 큰 건물이 차지하고 있다. 조양회관이 있던 곳이라는 안내판도 없다.

게다가 조양회관 터 앞 도로 복판에는, 2024년 4월 22일 철거되기까지 약 7년 동안 순종 동상이 서 있었다. 1909년 순종이 달성'공원'을 방문하고, 2017년 동상이 세워지고, 또 시민들이 철거를 요구했던 상황을 돌아보면….

순종 동상 건립과 철거 1909년 1월 12일, 조선의 마지막 임금 순종이 대구 달성공원을 방문한다. 순종은 이토 히로부미에 이끌려 마산, 청도 등지를 순회하면서 민심을 수습한 후 서울로 돌아가던 중이었다. 이날 순종은 달성공원 (일본 국왕을 향해 절을 올리는) 요배전 앞에서 기생 공연을 구경했다.

2017년 5월 11일, 달성공원 정문 앞 도로 가운데에 순종 동상이 제막되었다. 대구 중구청은 동상 표지석에 '암울했던 시대 상황에도 굴하지 않은 민족 정신을 담아내고자' 이곳에 순종 동상을 세운다고 설명했다. 하지만 순종 동상 건립은 "명색이 황제이면서도 목숨을 걸고 일본에 대항하여 싸우고 있는 의병들에게 '귀순하지 않으면 법에 따라 용서하지 않을 것'이라고 엄포를 놓았던 순종을 위해 그가 다닌 길을 정비하고 동상을 세우느라 국민 세금 70억 원이 낭비되고 있다. 그 반면 동상 바로 옆에 있는 대구 독립운동의 본산 조양회관과 서상일 등 대구의 독립지사들을 기리는 사업은 별로 없다. 이런 식이면 대구 대표 친일파 박중양과 을사오적 대표 이완용이 '누가 독립운동 하라더냐?' 하고 비웃을 것" 등의 비판에 직면했다.

이윽고 경술국치 107주년인 2017년 8월 29일, 순종 동상 앞에서 '순종 동상 철거를 요구하는, 문화가 있는 대구 시민(단체) 기자 회견'이 열렸다.

'순종 동상 철거 요구' 시위 중인 시민들(2017년 8월 29일)

이날 기자회견은 박정희 무용가와 손영찬 버스킹 가수의 문화 행사로 시작되고 막을 내렸다. '독립투사 이명균 선생의 손자'임을 자부한 이동순 명예교수는 "조부께서는 일본 제국주의자들을 이 땅에서 몰아내기 위해 군자금을 모으다가 체포되어 대구형무소에서 고문 받던 중 돌아가셨습니다. 할아버지께서는 생전에 어떤 위기 속에서도 제 정신을 잃지 말아라! 정신을 잃으면 나라를 잃고 목숨까지 잃는다고 하셨습니다"라며 "달성공원 앞의 이 흉한 동상의 설치는 제 정신을 잃은 못난 인간들이 한 짓입니다. 이른바 다크 투어리즘이란 궁색한 명분으로 반역사적 행위를 변명하고 있습니다"라고 규탄했다.

이어서 이 교수는 "청산되어야 할 수치의 역사를 기억의 역사로 속이고 바꿔치기 한 대구 중구청은 국민 앞에 즉각 무릎 꿇고 사죄해야 마땅합니다. 가장 수치스러운 왕 순종의 동상을 왜 세웁니까? 이런 기세라면 곧 이등박문의 동상도 서슴지 않고 세울 기세입니다"라고 꼬집은 후 "이 흉물을 즉시 무너뜨립시다! 양심적 대구시민의 단결된 힘으로 이 흉물을 철거합시다!" 하고 호소했다.

이날 행사를 공동 주최한 단체들은 기자 회견문을 통해 "나라 경제가 어렵다. 중앙정부와 지방자치단체는 국민의 혈세로 이루어지는 사업에 한 푼의 낭비도 없어야 할 것"이라면서 '순종 동상을 당장 철거하라!'고 요구했다.

"순종은 자신의 이름으로 나라의 마지막 보루인 군대를 강제 해산했다. 나아가 우리 대한제국 군인의 진압을 이등박문에게 의뢰했다. 이등의 뜻에 다라 남순행과 서순행을 강행했다. 순종은 당시 전국적인 의병 항쟁의 기운을 잠재우고, 소위 일제의 대조선 보호정책을 찬양하며 이등의 뜻에 따랐다"면서 "순종은 가장 큰 책임 있는 자리에서 위정자의 도리를 저버렸으므로 일만 번 단죄해도 부족하다. 그럼에도 순종 동상 건립을 주도한 관련자들은 당시 상황을 자신들의 입맛대로 해석함으로써 시민과 청소년의 역사의식을 왜곡, 마비시키고 있다!"

이날 행사에는 주최 측 및 인근 상가 관련자들 외에도 100명 이상의 일반 시민들이 참석해 순종 동상 철거 문제에 대한 높은 관심을 보여줬다. 동상 주변에서 가게를 한다는 한 상인은 "순종 동상이 역사적으로도 잘못됐지만 도로 복판에 세우는 바람에 관광버스도 못 다녀 큰 문제"라면서 행사 참가자들이 외치는 "역사 왜곡의 전형, 순종 동상 철거하라!"는 구호를 힘차게 따라 외쳤다. 초로의 이 남성은 익명을 요구했다.

2024년 4월 18일 영남일보는 "'역사왜곡논란' 달성공원 앞 순종 동상, 결국 철거 된다 … 세금 공중분해"라는 제목의 기사를 실었다. 〈역사 왜곡 논란이 일던 '순종 황제 동상'이 결국 철거된다. 논란에다 교통 혼잡 문제까지 고려한 결정인데, 지자체의 안일한 행정으로 혈세가 낭비됐다는 지적을 피할 수 없게 됐다. (중략) 중구는 도시활력 증진사업 중 하나로 지난 2013년부터 2017년까지 약 70억 원을 투입해 순종 황제 어가길(중구 수창동~인교동 2.1㎞)을 조성했다. (중략) 조성 당시부터 이 사업은 '친일 미화' 논란에 휩싸였다. 순종의 남순행은 일제가 반일 감정 무마를 위해 순종을 앞세워 대구·부산 등으로 끌고 다닌 '치욕의 역사'라는 이유에서다. 중구는 '다크 투어리즘'을 표방한다고 맞섰지만, 논란은 가시지 않았다.

이에 더해 최근 달성공원 일대에 5천 세대 규모의 공동주택이 들어서면서 교통 혼잡 문제도 대두됐다. 왕복 4차로 도로였던 달성공원로8길 도로는 순종 황제 어가길이 2개 차로를 차지하면서 절반으로 줄었다. 인근 주민과 달성시장 상인들도 교통 혼잡 해소를 위해 순종 황제 어가길을 철거해달라는 민원을 다수 접수했고, 중구도 지난해부터 철거를 추진해 왔다.

중구 관계자는 "지역 주민들과 시장 상인들의 교통 혼잡 민원이 많았다"며 "교통 혼잡 문제와 역사 논란 등을 종합적으로 고려해 최종 철거를 결정했다"고 말했다. 순종 황제 동상이 사라지게 되면서 혈세 낭비라는 지적이 나온다. 중구는 순종 황제 동상을 철거하고 도로를 확장하는 데 약 4억 원을 투입할 예정이다. 7년 전 동상을 세우는 데 투입된 세금까지 더하면 6억여원의 예산이 버려지는 것이다.

조광현 대구 경제정의실천시민연합 사무처장은 "철거 결정은 환영하지만, 어가길을 설치·철거하는 데 투입된 예산 낭비와 그동안 어가길로 인해 일어난 사회적 갈등 등을 생각하면 안타깝다"며 "추후엔 이러한 낭비가 없도록 설치 과정에서 충분한 사회적 논의가 필요하다"고 지적했다.〉

조양회관 공식 이름은 '대구 효목동 조양朝陽회관'이다. 1922년 독립운동가 서상일(1887~1962) 주도로 민중과 청소년 독립정신 고취를 목적으로 건립되었다. '아침朝 해陽가 비치는 곳'이라는 뜻의 독립을 염원하는 이름 "朝陽會館"을 현관으로 내걸고, 대구 지역민들을 대상으로 민족의식을 일깨우는 계몽운동을 펼쳤다. 정면 중앙의 돌출된 현관은 사각 돌기둥 4개를 세워 평지붕을 올린 형태이며, 기둥 사이는 반원형 아치를 틀어 장식하였다. 돌출된 현관 지붕에는 작은 삼각형 박공(양쪽으로 뾰족하게 경사진 지붕을 '박공지붕'이라 함)만들어 위엄 있게 구성하여 정면성을 강조하고 있는 등 1920년대 근대건축 가운데 우수한 건물로 평가받고 있다. 달성공원 앞에 있던 것을 1984년 현 위치(대구 동구 효동로2길 94)로 이건하였다.

조양회관은 '국가 등록문화유산'이다. 지정문화유산은 아니지만 근대와 현대에 만들어진 50년 이상 된 것들로서 보존 가치가 클 때 국가 또는 시도 등록문화유산으로 지정된다. 문화재청장이 지정한다.

왼쪽 끝에 서상일 지사 좌상이 보이는 조양회관
* 조양회관에 대해서는 《대구 독립운동유적 120곳 답사여행 2》에 좀 더 상세히 소개되어 있습니다.

중구 북성로 19-1 광문사 터
국채보상운동을 기획한 거룩한 장소

북성로는 대우빌딩(중구 태평로 160) 뒤에서 중앙대로를 건너 대구은행 북성로지점(중구 서성로 81)까지이다. 그러나 순종이 이토 히로부미에게 이끌려 강제로 지나갔던 1909년 1월 12

일에는 그렇지 않았다. 달성공원의 일본 요배전과 기생 공연을 보기 위해 이토에게 끌려갔던 순종은 오늘날 북성로의 절반쯤을 갔다. 당시의 북성로는 지금의 길과 반쯤 달랐기 때문이다.

순종은 대구역에서 출발하여 경상감영, 그리고 북성로 중간쯤의 공북문 터를 지났다. 그 이후에는 지금의 북성로가 아닌, 작은 삼거리에서 오른쪽으로 난 좁은 길로 들어갔고, (횡단보도가 없는 서성로를 가로질러) 이윽고 수창초등학교 정문 앞을 지났다. 당시에는 북성로가 이 작은 삼거리까지만 닦여 있었다.

서성로의 횡단보도를 건너면 대륜학교 전신 우현서루 터(대구은행 북성로 지점)에 닿는다. 북쪽으로 지상철 교각이 보이면 그 아래가 달성공원 네거리이다. 달성공원 쪽으로 걸으면 국채보상운동을 활짝 꽃피운 역사적 장소 '광문사 터'로 가게 된다.

국채보상운동은 일본의 강요로 지게 된 국채를 갚으면 나라의 자주자강을 이룰 수 있다는 생각에서 시작되었다. 국채보상운동의 불꽃을 피운 이들은 대구에서 활동하던 김광제, 서상돈 등이었다. 그래서 수창초등학교 뒤 광문사 터에 기념 비석이 세워졌다.

어행길을 계속 걸으려면 광문사 터에서 돌아나와 수창초등학교 정문으로 가야 한다. 정문 앞이 순종 어가길이기 때문이다. 순종이 이 길을 지나갔다는 내용을 담은 게시물들이 어지러울 만큼 많이 붙어 있다. 조금 전에 본 광문사 터의 기념비가 상대적으로 초라하게 느껴질 지경이다.

북성로 대구역에서 시내를 바라보면 아주 높은 빌딩이 길 건너편에 서서 하늘을 가로막고 있다. 대우빌딩이다. 대우빌딩

뒤는 대구읍성의 동쪽 성벽과 북쪽 성벽이 만나는 자리였다. 이곳에서 서쪽으로 50m가량 가면 중앙로가 나타난다. 흔히 이 중앙로에서 서쪽으로 대구은행 북성로 지점까지가 북성로인 줄 알지만, 아니다. 중앙로는 1924년에 본격적으로 개통되었다.

대우빌딩을 등진 채 중앙로 건너편 북성로 쪽을 바라보면 입구 오른쪽 첫째 건물에 '성수 소방' 간판이 보인다. 일제 강점기 시절 오오미야 주점이 있던 2층 건물이다. 오오미야 주점은 지금부터 대략 80년 전에 이미 맥주만이 아니라 양주와 양식까지 팔았다. 당대 대구 최고의 최첨단 신식 주점이었다.

오오미야 주점이 왜 이 자리에 있었을까? 대답은 대구역이 해준다. 1905년 경부철도선 대구역 영업 개시와 1906년 대구읍성 성벽 파괴 이전부터 일본인들은 북성로 일대 땅을 매입했다. 그들은 대구역 건물이 지금의 시민회관 자리에 들어선다는 사실을 진작부터 알고 있었다. 그들은 남성로에 대구역사가 들어선다는 헛소문을 퍼뜨려 북성로 일대 땅값을 떨어뜨린 뒤 대거 이곳을 매입했다.

당연히 대구읍성 중 북쪽 성벽이 가장 먼저 파괴됐다. 일본인들은 친일파 대구군수 박중양에게 '장사에 방해가 되니 성벽을 부수어 달라'고 요청했다. 당시 외국인들은 읍성 밖에서만 장사를 할 수 있도록 제한되어 있었다. 박중양은 중앙정부의 '부수지 말라'는 명령에도 대구읍성을 없애버렸다.

대구역 앞 대우빌딩 자리는 시외버스 정류장이 되었고, 중요 교통회사들의 차고지도 되었다. 자연스럽게 북성로는 대구역에서 큰시장(서문시장)과 약령시로 오가는 길목이 되었다. 이제부터는 영남대로가 지나가는 영남제일관(대구읍성의 정문) 일대의 남성로를 대신하여 북성로가 대구 최고의 상권이자 핵심 교통 요지로 부상했다.

북성로에는 하루가 다르게 신식 건물들이 성로를 따라가며 들어섰다. 상권은 날로 번창했다. 오오미야 주점은 물론, 대구 최초의 백화점 미나까이 오복점이 북성로에 들어선 것도 당연한 귀결이었다. 이 백화점에는 대구 최초로 엘리베이터까지 설치되었다. 생전 처음 보는 엘리베이터를 타보려는 사람들로 북성로는 북새통을 이루었다.

북성로 1가 63번지의 미나까이 백화점은 5층으로, 당시 대구 최고층 건물이었다. 이 건물은 1964년 대우그룹으로 소유주가 바뀌었다. 대우는 새 빌딩을 짓기 위해 건물을 철거했지만, 그 이후 건축은 이루어지지 않았고, 지금은 자동차들이 오르내리는 거대 주차장으로 사용되고 있다.

북성로에는 대구 최초의 공중 목욕탕도 들어섰다. 그만큼 북성로는 대구 최고의 번화가였다. 목욕탕의 이름은, 이름만 보아도 건축주가 일본인이라는 사실이 짐작되는, 조일탕朝日湯이었다. 북성로 1가 30-1번지의 이 건물은 현재 경북자동차매매사업조합이 사용하고 있다. 미나까이 백화점 터 가기 직전 오른쪽으로 난 좁은 도로 안 우측 두 번째 건물이다. 사업조합 간판이 붙어 있어 찾기가 쉽다.

1950년 전쟁 중에도 북성로는 여전히 번창했다. 안동 슈퍼 약간 대각선 자리인 성미 초밥(북성로1가 81-3) 2층은 피난 문인들이 즐겨 찾던 청포도 다방이었다. 청포도 다방에서 약간 더 위쪽에 있는 낙원식당(북성로 1가 31) 2층 역시 문인들이 많이 출입한 모나미 다방이었다. 그런가 하면, 낙원식당 맞은편 신진

이발 기구(북성로1가 21-14) 2층도 유명한 백조 다방이었다. (이들 다수는 최근 아파트 신축 공사에 휩쓸려 사라졌다.)

미나까이 백화점 터였던 주차장은 이들 다방 터들보다 조금 더 북성로 안쪽에 있다. 백화점 터는 작은 네거리의 한쪽 모서리를 차지하고 있다. 주차장 다음 네거리는 공북문 터이고, 그 다음 네거리의 오른쪽이 조일탕 건물이다.

공북문은 영남제일관(남문), 진동문(동문), 달서문(서문)과 더불어 대구읍성의 4대문이었다. 공북문拱北門은 북쪽(한양)에 계시는 임금을 향해 공손히 두 손을 모은다는 뜻의 이름이다. 그런데 친일파가 부숴 없애버린 공북문 아래를 조선의 마지막 임금 순종이 지나갔다. 그것도 이토 히로부미의 강요로 일본 천황 요배전이 있는 달성공원에 가기 위해서였다. 1909년 1월 12일의 일이다.

그래서 수창초등학교 담장을 타고 이어지는 길에 '어행御行 길'이라는 이름이 붙었다. 일본인들의 요구로 대구읍성 성벽 중 가장 먼저 파괴된 자리에 난 길 북성로, 일인들의 상혼이 빛을 발휘했던 북성로, 국왕이 이토에게 이끌려 달성공원에 가기 위해 강제로 지나갔던 북성로, 그 길이 바로 북성로이다.

북성로를 걸으면 기분이 착잡하다. 그런데도 달성공원 앞에는 순종의 동상까지 서 있다. 이토에 끌려 다닌 순종이 대구에만 온 것은 아니다. 평양, 청도, 마산도 돌아다녔다. 수창초등학교 담장에 '순종 황제, 조선을 걷다'라는 게시물이 붙어 있는 것도 그 때문이다. 대구만이 아니라 조선 전체를 순종이 다녔다는 사실을 말하고 있는 것이다. 머잖아 조선은 일본의 식민 지배에 놓인다는 사실을 세계 만방에 기정사실화하려 한 이토의 정치적 책략에 철저하게 복무한 순종은 전국을 순회하며 허수아비 노릇을 했다.

　순종이 지나간 이 길은 우리가 떠받들 가치가 있는 길이 아니다. 순종이 이 길을 가지 않았더라면 좋았을 텐데… 하는 생각이 들 뿐이다. 황제가 일제에 저항하여 목숨을 걸고 싸웠더라면 나라가 그리 쉽게 식민지가 되었을까? 순종은 국가의 지도자다운 인물이 결코 아니었다.

　대구은행 북성로 지점 앞 네거리에 망경루望京樓30)가 있었다. 임금이 계시는 서울을 바라보는 누각 망경루의 위치는 대구읍성 북쪽 성벽과 서쪽 성벽이 만나는 모서리였다. 우현서루 앞 망경루 터에 서면 '순종이 이토 히로부미와 나란히 신사 참배를 하는 마당에 누가 임금께 충성을 맹세하며 서울을 바라본단 말인가? 임금이 달성공원에 와서 이토와 함께 기생 공연을 관람하고 있는 상황에 북쪽을 바라본들 텅 빈 궁궐뿐인데…' 하는 생각이 저절로 일어난다. ☯

---

　30) 망경루는 박중양이 대구읍성을 파괴한 후 경삼감영의 정문인 관풍루와 함께 달성공원으로 옮겨졌다. 하지만 그나마 시간이 흐르면서 아주 삭아버려 1970년 해체, 소멸되고 말았다. 관풍루는 본래 모습과 거리가 먼 형태로나마 복원되었지만 북장대北將臺인 망경루는 영원히 자취를 감추어버린 것이다. (관풍루는 1973년에 복원되었다. 서장대는 약령서문 자리, 남장대는 중앙 파출소 자리, 동장대는 대우빌딩 자리에 위치했다.)

90계단에서 대구백화점 자리까지 대구 3·1운동길
1919년 대구 독립만세운동 시위 군중이 행진한 길

　기미독립선언 민족대표 33인 중 한 사람인 대구 출신 이갑성이 2월 24일 대구를 찾았다. 대구에서도 독립만세운동을 일으켜 달라고 권유하기 위해서였다. 그는 남성정교회(현 제일교회) 이만집 목사, 남산교회 김태련 조사(선교사를 돕는 직책), 계성학교 백남채·김영서 교사, 신명여학교 이재인 교사 등 대구 지역 3처 교회(현 제일·남산·서문교회) 지도자와 만나 서울의 3·1운동 소식을 전하면서 대구에서도 궐기할 것을 촉구했다(이들은 교남YMCA 간부들이기도 했다).
　이만집, 김태련 등 기독교계 지도자와 홍주일 천도교 경북교구장 등은 큰장(서문시장) 장날인 3월 8일 오후 1시에 봉기를 하기로 뜻을 모은 뒤 시위에 참가할 학생과 시민들을 모집하기 시작했다. 그 과정에서 정보를 파악한 일제는 3월 4일과 7일에 걸쳐 홍주일, 백남채 등 주모자 여러 명을 체포했다. 일제 경찰이 특별 경계령을 내린 것은 당연한 조치였다.
　하지만 독립만세 준비는 계속 진행되었다. 특히 계성학교, 신명학교, 대구고보 학생의 적극적인 참여는 만세운동 추진에

활기를 불어넣었다. 계성학교 교사와 학생들은 물론 신명학교에서도 교사 이재인과 졸업생 임봉선·이선애, 재학생 등 50여 명이 참여했다. 계성학교 교사 최상원은 대구고보 4학년 허범과 접촉하여 신현욱, 백기만, 하윤실 등 대구고보 간부 학생들에게 거사 계획을 알렸다. 드디어 대구고보 학생 200여 명이 만세운동에 동참하게 되었다. 동산성경학당(현 영남 신학대) 강습생도 20명도 참여했다.

'3·1운동길 90계단'에 전시되어 있는 서문시장의 1926년 모습

8일 정오 무렵, 큰장에 사람들이 모여들기 시작했다. 일경의 삼엄한 감시를 피하기 위해 계성학교 학생들은 한복을 입고서 장꾼인 양 행세했다. 신명학교 학생들도 수업을 마친 뒤 시장으로 왔다. 그러나 시위는 아직 시작되지 못했다. 오후 1시에 도착하기로 약속되어 있었던 대구고보 학생들이 미처 당도하지 않았기 때문이다.

2시가 지났을 때 대구고보 학생 200명이 교복을 입은 채 일제 경찰의 저지를 뚫고 뛰어왔다. 동산성경학원 학생들도 모습을 보였다. 수천 군중이 운집한 시장 안은 술렁이기 시작했다.

김태련 조사가 미리 준비해 둔 달구지 위에 올라섰다. 그는 독립선언서를 펼쳐들었다. 잽싸게 일제 경찰이 그를 제지했다.

김태련은 기회를 틈타 공약 3장을 낭독했다. 그 순간 이만집 목사가 달구지에 뛰어올라 힘차게 "대한독립만세!"를 외쳤다. 1천여 군중들이 품에 품고 온 태극기를 꺼내어 흔들면서 "대한독립만세!"를 연호했다.

시위 대열은 지도부를 앞세우고 행진을 개시했다. 일제 경찰이 막아섰다. 선교사를 도와 교회 일을 보아온 농민 안경수가 태극기의 깃대로 경찰이 탄 말의 엉덩이를 찔렀다. 놀란 말이 화들짝 달아났다. 그 사이 시위대의 선두가 앞으로 나아갔다. 1km가 넘는 만세운동행렬은 큰장 강씨네 소금가게 앞(옛 동산파출소)에서 출발, 동산교를 지나 달서문 터를 향해서 섰다. 행렬은 이윽고 본정(경상감영 일원)으로 나아가기 시작했다. 금세 만세행렬은 대구경찰서(중부경찰서)와 경북 도청(경상감영공원)으로 가는 서문로 입구에 닿았다. 도로명 주소 '경상감영길 1'인 이곳은 영남제일관(남문, 약전골목 내), 진동문(동아백화점 네거리), 공북문(북성로 중간 지점)

대구경찰서(현 중부경찰서)

과 더불어 대구읍성 4대문의 하나인 달서문 터이다. "대한독립 만세!"를 외치며 행진하던 당시 시위대들은 이곳이 박중양이 대구읍성을 파괴하기 전까지 달서문이 서 있던 자리라는 사실을 떠올렸을 법하다.

그런가 하면, 좀 더 정치적 사건에 밝은 사람은 이곳이 의열단 부단장 이종암 지사의 군자금 모금지라는 사실을 돌이켜보며 독립투쟁의 기운을 북돋웠을 것이다. 이곳은 그 무렵 대구은행 자리였다. 만세운동이 일어나기 1년 2개월쯤 전인 1917년 12월 이종암은 자신이 직원으로 근무하던 대구은행에서 거금을 챙겨 만주로 달려갔고, 그 돈은 의열단을 창립하고 운영하는 데 소중한 노둣돌이 되었다.

이종암 독립군 군자금 모금지를 떠난 시위대 일행은 대구경찰서 앞의 네거리에서 경정(종로)으로 전진했다. 이 무렵부터는 계성학교를 중퇴하고 양화점에서 일하던 강학봉이 동료 30여 명을 이끌고 동참하는 등 시위 군중이 점점 커졌다. 만세행렬은 종로를 거쳐 약전골목~중앙치안센터(대구읍성 남장대 터)~대구백화점 쪽으로 향했다. 일제는 헌병대와 (이천동 '캠프 헨리'에 주둔하고 있던) 80연대 병력을 동원해 달성군청(현 대구백화점 일대)에 저지선을 쳤다.

일제는 달성군청(대구백화점) 앞에서 총칼과 곤봉으로 시위대를 무자비하게 구타하기 시작했다. 평화적 만세 시위였지만 더 이상 두었다가는 어떻게 될지 알 수 없다고 판단했던 것이다.

하루 전에 내린 비로 질척해져 있던 땅은 피와 흙이 뒤엉키면서 붉은 범벅으로 변했다. 김용해는 아버지 김태련이 일경들에게 구타당하는 광경을 보고 달려가 가로막다가 집단 폭행을

당해 실신했다. 김용해는 끌려가 혹독한 고문을 당한 끝에 3월 29일 순국했다. (48쪽 참조)

   만세운동은 10일에도 계속됐다. 일경의 검거를 피했던 계성학교 교사 김영서와 학생 김삼도, 박태현, 박성용, 박재헌, 그리고 전당포 업자 김재병과 농민 이덕주 등은 대구 남문 밖의 덕산정시장(염매시장 앞의 현 남산교회 일대)에서 오후 4시에 봉기했다. 3처 교회 신도를 비롯한 200여 명의 기독교인과 학생이 만세를 부르며 "대한독립만세!"를 외치다 무자비하게 진압되었고, 65명은 일경에 끌려갔다.

   8일과 10일 만세운동으로 모두 225명이 검거되었다. 그 중 계성학교 학생 36명과 대구고보 학생 7명을 비롯해 76명이 실형을 언도받았다. 만세운동의 주모자인 이만집과 김태련은 각각 징역 3년과 징역 2년6월형에 처해졌고, 김영서, 백남채, 최상원, 김무생 등은 징역 2년을 선고받았다. 또 권희윤, 박제원, 최경학 등이 1년6월, 이재인, 임봉선, 신현욱, 허범, 박태현 등이 1년, 심문태, 박성용, 허성도, 김삼도 등이 10월, 백기만 등이 징역 6월을 각각 선고받았다. ☯

1919년 3·1운동길에 있는 **종로 초등학교** 교내 운동장 거목에 '**최제우 나무**'라는 이름도 붙였다. 그 나무가 최제우 처형을 지켜보았으리라는 추정이다.

고 심달연 할머니가 2007년 4월 23일에 그린 '내가 새가 된다면 날아 가고 싶다, 천리만리'(중구 경상감영길 50, 서문로1가 79-1 희움 일본군 '위안부' 역사관)

희움 일본군 '위안부' 역사관 1919년 3월 8일, "대한독립만 세!"를 외치는 독립만세운동 참가자들은 서문시장을 출발하여 서 문로로 진입했다. 시위대는 대구경찰서(현 중부경찰서)와 식산은행 대구지점(현 대구근대역사관) 사이 네거리에서 오른쪽으로 돌아 종 로로 나아갔다.

지금 그 길을 걸어보면 중부경찰서 서쪽에 종로 초등학교와 희 움 일본군 '위안부' 역사관이 서문로를 사이에 두고 마주보고 있다. 종로초등학교는 교문 안 담벽에 독립운동가들을 기리는 그림, 사 진, 안내문 등을 대대적으로 게시해 놓아 교육기관다운 면모를 뽐내고 있다.

　제일교회 대문채에서 출발한 대남 소학교가 현재의 종로 초등학교 위치로 온 때는 1954년이다. 그 무렵 이름은 희도 국민학교였다. 종로 국민학교라는 이름은 1955년에, 종로 초등학교라는 이름은 1996년에 얻었다. 1941년부터 시작된 일본 교명 '국민'을 버리고 '초등'으로 바꾸는 데에 무려 55년이나 걸렸던 것이다. 일제 잔재 청산이 왜 이렇게 더딘지 보통 사람으로서는 이해가 되지 않는다.

　희움은 2015년에 문을 열었다. 희움의 누리집은 "희움 일본군 '위안부'역사관은 일본군 '위안부' 피해자들이 겪었던 고통의 역사를 잊지 않고 기억하며, 일본군 '위안부' 문제를 해결하기 위해 활동하는 공간입니다."라고 말한다. "더 나아가 문제 해결을 통해 평화와 여성인권이 존중되는 사회를 만들기 위해 노력하는 '실천하는 역사관'입니다."라고 부언한다.

　1997년 '정신대 할머니와 함께하는 시민모임'은 그 동안의 활동을 밑거름으로 하여 2009년 평화와 인권을 위한 "일본군 '위안부' 역사관 건립 추진위원회"를 결성했다. 2010년, 고故 김순악 할머니께서 "내가 죽어도 나를 잊지 말아 달라."라는 유언과 함께 5천여 만 원을 기탁하셨고, 다른 할머니들께서도 뜻을 함께해 주셔서 역사관 건립을 위한 씨앗기금이 마련되었다.

　시민모임은 역사관 건립 기금 마련을 위해 다양한 방식의 범국민 모금 캠페인을 지속적으로 전개하였고, 많은 시민들이 뜻을 모아 주었다. 2012년 발매한 시민모임의 브랜드 '희움'(희망을 모아 꽃 피움)을 통해서도 많은 분들이 역사관 건립에 동참했다. 특히 많은 청소년들이 희움 제품의 공동구매에 참여하여 수익금을 전달해 주었고, 뿐만 아니라 문제 해결을 위한 캠페인에도 적극 참여해 주었다. 이윽고 2015년 12월 5일 "희움 일본군 '위안부' 역사관"이 드디어 개관했다.

일본군 '위안부' 여성가족부 <일본군 '위안부' 피해자 e-누리집>은 "일본군 '위안부'의 총수는 최소 3만에서 최대 40만 명까지 다양한 의견이 제시되며, 연구자마다 많은 차이가 보인다."라고 설명한다. 한국학중앙연구원의 《한국민족문화대백과》는 일본 우익 학자 2만, 중국 연구자 40만으로 소개한다. 차이가 심한 것은 일본이 관련 자료를 공개하지 않고 있기 때문이다. 1944년 8월 23일 일본은 '여자 정신대 근무령'을 공포, 12세~40세 조선 여성들을 강제로 징집했다. 그 이전부터 저질러오던 행위를 마침내 법제화한 것이다. 그때부터 명령에 불복하면 투옥하고 벌금형에 처했다. 강제로 끌려간 여성들은 낮에는 탄약 운반 등 중노동에 시달리고, 밤에는 '위안부 military sexual slavery'로 혹사당했다.

희움은 지하, 1층, 2층으로 구성되어 있다. 지하는 벙커로, 1920년대 중반의 일본식 2층 목조 건물을 희움으로 재건축하는 과정에서 발견되었다. 현재는 지역 작가 혹은 젊은 작가가 평화의 메시지를 새기고, 장소의 특성을 살릴 수 있는 전시를 기획하는 공간으로 쓰인다.

1층은 맞이방, 상설 전시실, 영상실로 구성되어 있다. '맞이방'

은 관람권 구매 및 각종 문의를 할 수 있는 안내 공간이 있고, 희움의 건립 이야기와 만든 사람들을 만날 수 있는 공간이다. '희움 스토어'에서 브랜드 '희움'의 제품도 구매할 수 있다.

전시실 1은 상설 전시 공간이다. 일본군 '위안부' 제도와 생존자들의 기억, 일본군 '위안부' 문제의 해결 운동사를 볼 수 있다. 영상실은 영상을 통해 일본군 '위안부' 문제를 이해할 수 있는 공간이다.

희움은 화요일~토요일에 오전 10시~오후 6시 개관한다. 초등학생 이하의 어린이는 입장료를 받지 않으며, 청소년은 1,000원, 일반은 2,000원의 입장료를 받는다. 관람료는 희움 일본군 '위안부' 역사관 운영과 일본군 '위안부' 문제의 올바른 해결을 위한 운동에 사용된다. 대구시 중구 경상감영길 50(서문로1가 79-1), 전화 053)254-1431, 전자우편 heeum_museum@hanmail.net이다.

김석형 집터 중부경찰서를 뒤로 하고 네거리에서 남쪽으로 나아가면 종로로 들어간다. 1919년 3월 8일 당시의 만세운동 행렬도 이 길을 갔다.

네거리를 돌면 이내 만경관 극장 건물로 들어가는 짧은 진입로가 오른쪽에 나온다. 극장 건물과 도로 사이에 집 한 채가 있다. 역사학자 김석형金錫亨(1915~1996)은 대구고등보통학교(현 경북고)와 경성제국대학(서울대) 법문학부 조선사학과를 졸업했다. 양정중학교 교사로 있던 중 조선어학회 사건으로 함흥 형무소에 투옥되었다가 해방을 맞아 풀려났다. 서울대 사대 역사교육과 조교수를 지냈으며, 1946년 월북하여 김일성종합대학 역사학부 교수로 취임했다. ☯

북성로1가 48-1 이육사 작은 문학관
태평로 141 북후정 터
"내 고장 7월은 청포도가 익어가는 시절"

264 작은 문학관 '264 작은 문학관'은 없어졌다. (41쪽 참조)

중구 태평로 141 북후정 터 1907년 2월 21일 금연으로 돈을 모아 일본에 진 빚을 갚음으로써 자주 국가를 이루자는 국채보상운동이 본격화된다. 이날 대구 민의소(상공회의소)는 북후정에서 창립 총회를 열어 대중을 동원하는 방식으로 국채보상운동의 전국적 출범을 알렸다. 역사적 장소는 태평로 141, 지금의 콘서트 하우스(대구시민회관) 자리였다. 건물 앞 인도와 거의 붙은 지점에 국채보상운동을 상징하는 조형물이 세워져 있다. 본래 주차장 구석에 있던 것을 이곳으로 옮겼다.

국채보상운동 조형물(콘서트하우스)

중구 중앙대로 433 장진홍 의사 유적지
조선은행 대구지점을 부수려 했던 1927년

　장진홍張鎭弘(1895.6.6.~1930.6.5.) 의사의 독립운동 유적지(포정동 58, 지하철 중앙로역 4번 출구 바로 앞)에 의사를 기리는 흉상이 세워져 있다. 본래 '조선은행 대구지점'(하나은행 터)이 있었지만 지금은 새 빌딩이 건축되었고, 흉상은 건물 앞에 있다.
　장진홍 의사는 칠곡군 인동면 문림리에서 부친 장성욱張聖旭과 모친 순천順天김씨 사이에서 3남 중 장남으로 출생했다. 1907년 인명학교(현 인동초등학교)에 다닐 때부터 장지필 선생에게서 항일의식을 배웠다. 1916년 12월 고향 출신 이내성李乃成의 권유로 광복회光復會에 가입했고, 1918년 만주 봉천(현 심양)으로 가서 독립운동을 펼치다가 1919년 독립만세운동 이후 귀국했다.
　1927년 4월, 기회를 엿보며 경북 경산시장에서 매약상을 하고 있던 의사는 이내성의 소개로 일본인 굴절무삼랑掘切茂三郞을 만났다. 폭탄 전문가인 굴절무삼랑은 일본인이면서도 한국의 독립을 염원하는 사람이었다(국가보훈처 누리집 '독립운동가 공훈록'의 표현). 그로부터 폭탄 제조법을 익힌 의사는 1927년 10월 1일 오후 직접 만든 폭탄의 위력을 칠곡과 선산의 경계 휘안고개에서 시험해보았고, 폭탄으로 양쪽 절벽이 완전히 붕괴되는 것을 확인했다.

10월 16일 칠곡군 인동면 자택에서 폭탄을 제조한 의사는 다음날인 17일 오전 2시경 작은 폭탄 1개를 자살용으로 품속에 지닌 채 큰 폭탄 4개를 자전거에 싣고 대구로 왔다.

1927년 당시 조선은행 대구지점은 경북도청(경상감영 자리)에서 불과 100m 거리에 있었다. 현 중앙우체국 자리에 대구우편국과 대구전신전화국, 대구근대역사관 자리에 식산은행[31] 대구지점, 중부경찰서 자리에 대구경찰서까지 거느리고 있었다. 조선은행 대구지점 주변은 정치, 경제, 정보통신이 밀집된 대구 최대의 중심가였던 것이다.

1927년 10월 18일, 장진홍 의사는 덕흥여관 사환 박노선에게 "내가 어제 다쳐서 잘 걸을 수가 없으니 이 벌꿀상자들을 조선은행, 도청, 식산은행, 경찰서에 순서대로 급히 배달을 좀 해 달라." 부탁했다. 벌꿀 선물로 위장된 상자들에는 의사가 직접 제조한 시한폭탄들이 들어 있었다.

박노선은 상자들을 들고 조선은행 대구지점으로 갔다. 그는 국고계 주임 복지흥삼福地興三을 찾아 "선물 배달 왔습니다." 하

---

31) **조선은행, 식산은행** : 조선은행은 중앙은행으로, 현재로 말하면 한국은행이다. 식산은행은 신용 기구를 통한 착취 강화를 위해 일본이 설립한 은행이다. 동양척식주식회사가 실질적 관리를 했던 식산은행은 일제의 한국 경제 침략에 큰 역할을 했다. 식산은행의 주요 업무는 농촌 수탈 정책에 자금을 대 주고, 식민지 산업을 지원하는 일이었다.

며 벌꿀 상자 하나를 건넸다. 하지만 일본인 은행원 길촌결吉村潔이 군인 출신답게 화약 냄새를 맡았다. 그가 재빨리 상자를 풀어보니 도화선에 불이 붙은 폭탄이 이글거리고 있었다. 폭발 직전이었다.

복지흥삼과 길촌결은 자신도 모르게 비명을 질러댔다. 한 은행원이 재빠르게 도화선을 잘랐다. 아직 불이 옮겨 붙지 않은 나머지 세 상자는 황급히 은행 앞뜰 자전거 주차장으로 옮겨졌다. 바로 경찰에 신고 되고, 박노선이 붙잡힌 것이야 두말 할 나위도 없었다.

경찰은 주차장에 있는 폭탄 셋을 다시 한길로 내놓았다. 옮긴 지 1~2분 만에 폭탄 셋은 요란한 굉음을 내며 잇따라 폭발했다. 은행원, 경찰 등 5명이 파편에 맞아 중상을 입었고, 은행 창문 70여 개가 박살이 나면서 파편이 대구역까지 날아갔다.

폭파 의거는 '절반의 성공'에 멈추었지만, 세상을 뒤흔들었다. 일본경찰은 범인 검거에 나섰지만 실마리도 잡지 못했다.

결국 일경은 1928년 1월 독립운동 경력이 있는 이정기李定基 등 8명을 검거하여 대구형무소에 투옥했다. 이때 민족저항시인 육사 이원록李源祿도 옥고를 겪었다(1927.10.~1929.5. 안동 육사문학관). 일경은 악독한 고문 끝에 이들을 진범으로 꾸며 재판에 회부했다.

대구 거사가 완전한 성공을 거두지 못한 것을 한탄한 의사는 1927년 11월과 1928년 1월 안동경찰서, 영천경찰서 등의 폭파를 계획한다. 그러나 끝내 실행에 옮기지 못했고, 검거의 포위망이 좁혀지자 몸을 피해 일본으로 건너갔다.

일본에서도 의사는 2차 거사 준비에 골몰했다. 하지만 동생의 오사카 소재 안경점에서 결국 일제에 붙잡히고 말았다. 의사는 1929년 2월 19일 대구로 압송되었다.

혹독한 고문에도 의사는 모든 일을 혼자서 도모했다고 대응했다. 물론 재판 결과는 볼 것도 없었다. 1930년 2월 17일 대구지방법원 1심 재판에서 의사는 사형을 언도받았다. 그 후 열린 대구복심법원 재판도, 고등법원 상고 결과도 마찬가지로 '사형'이었다. 의사는 사형 선고가 내려질 때마다 재판정에서 "대한독립만세"를 외쳤다.

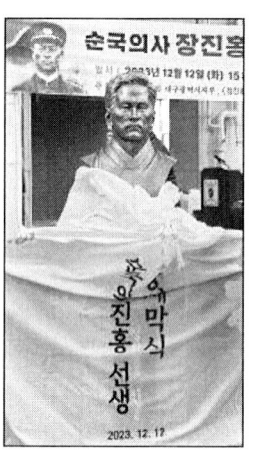

장진홍 선생 흉상
(조선은행 대구지점 터)

1930년 6월 5일 밤, 의사는 비장한 결심을 했다.

'일제에 의해 치욕스러운 죽음을 당하느니 차라리 스스로 죽자.'

의사의 나이 아직 새파랗게 젊은 35세였다.[32]

---

32) 1928년 11월 '대구 학생 비밀 결사 사건'이 발생했다. 일제 치하 단일 학생결사 사건 중 가장 많은 희생자를 낸 이 사건을 통해 일본 경찰은 11월 6일 이후 대구 시내 남자 중학생 105명을 구속하고, 12월에는 간부 26명을 검찰로 넘겼다.

학생들은 신우新友, 혁우革友, 적우赤友, 우리동맹 등 7개 단체를 구성하고 있었는데, 대구고등보통학교의 윤장혁, 상무상, 김일식, 황보선, 김성칠 등과, 대구중학교의 조은석, 대구농중의 권태호, 대구상업의 장원수 등 오늘을 사는 우리는 장진홍 의사가 감옥에서 조선총독에게 보낸 편지를 볼 수 있다. 의사는 선언했다.

"너희들 일본제국이 한국을 빨리 독립시켜 주지 않으면 너희들이 멸망할 날도 멀지 않을 것이다. 내 육체는 네 놈들의 손에 죽는다 하더라도 나의 영혼은 한국의 독립과 일본 제국주의 타도를 위하여 지하에 가서라도 싸우고야 말겠다."

이 주요 활동가였다. 지도 강사로는 박광세朴光世, 장적우張赤宇 등 사회주의 의식을 지닌 청년들이 활동했다.

특히 대구고등보통학교의 학생들은 조선 역사 과목의 신설, 조선어 학습 시간 연장, 언론 집회의 자유, 불량 일인 교원의 경질 등 반체제적 요구 사항을 내세우며 동맹 휴학을 벌이기도 했다. 구속된 학생들과 지도 강사들은 1~3년씩 투옥되었는데, 그들이 대구형무소에 갇혀있던 1930년 6월 장진홍 의사 옥중 자결 사건이 빚어졌다. 비통한 소식을 접한 수감 학생들은 감방 벽을 때려 부수면서 '장진홍 의사를 살려내라' 하고 단식 농성에 들어갔다. 그러나 일제는 도리어 '건조물 파괴'라는 터무니없는 죄명을 씌워 주동자들에게 8개월 가형加刑(형을 보탬) 처벌을 했다.

중구 경상감영길 221 동양척식주식회사 대구지점
수탈의 선봉 동양척식주식회사

1908년 일제는 일본과 한국 모두에 국적을 둔 이중 국적의 '동양척식주식회사'를 설립했다. 동양척식주식회사는 한국 경제를 독점, 착취하려는 목적으로 일본이 한반도 내에 설립한 국책회사였다. 동척은 무상 또는 헐값에 획득한 한국 내 토지를 일본인들에게 값싸게 넘기는 일, 식산은행을 운영하여 한국 농촌 수탈 사업에 자금을 공급하는 일 등 경제 침략의 선봉이 되었다. 농민들로부터 물세를 거두기 위해 수성못을 확대하는 공사에 자본금을 대는 등 동척 대구지점도 수탈 사업에 맹활약을 했다. 동척 대구지점은 동문동 4-16(경상감영길 221), 지금의 신용보증기금 대구지점 자리에 있었다.

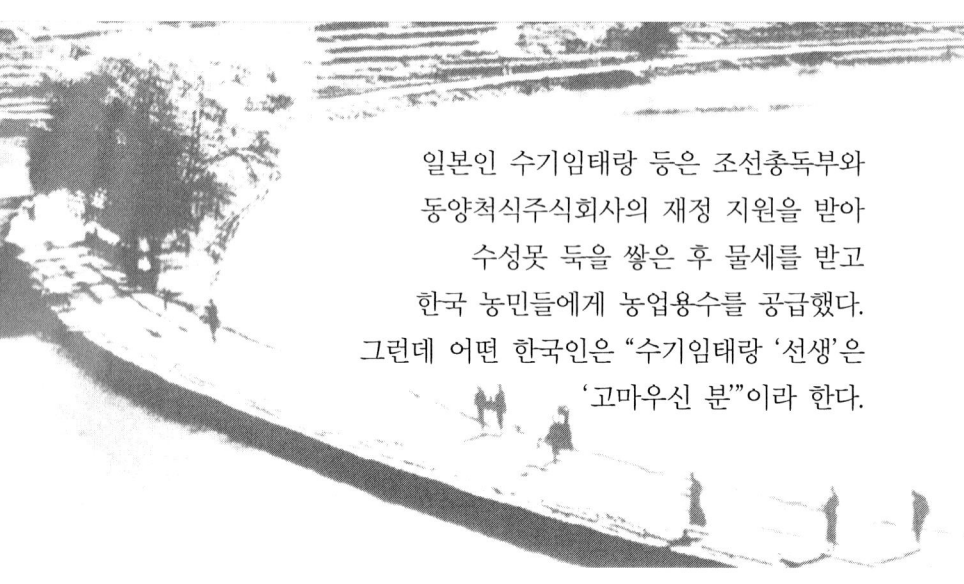

일본인 수기임태랑 등은 조선총독부와 동양척식주식회사의 재정 지원을 받아 수성못 둑을 쌓은 후 물세를 받고 한국 농민들에게 농업용수를 공급했다. 그런데 어떤 한국인은 "수기임태랑 '선생'은 '고마우신 분'"이라 한다.

중구 공평로10길 25 국채보상운동기념관, 국채보상공원
대구정신의 한 상징, 국채보상운동

    국채보상운동기념관은 대구 중구 공평로10길 25에 있다. 기념관 둘레가 국채보상공원이다. 국채보상운동은 대구를 상징하는 국민 거사이므로 국채보상운동기념관의 공식 기록을 통해 알아본다.
    [발생 배경] "*1904년 한국을 경제파탄에 빠트려 일본에 예속시키려는 방법으로 강제적인 차관이 도입되었다.*" 1904년의 고문정치 이래 일제는 한국의 경제를 파탄에 빠뜨려 일본에 예속시키기 위한 방법으로 한국정부로 하여금 일본으로부터 강제로 차관을 도입하게 하였다. 1905년 일본은 식민지 기초 작업의 제일보로 한국의 문란한 화폐를 정리한다는 명목으로 화폐정리채 3백만 원을 차입해 들여왔다. 이어 그 해 12월에는 화폐개혁에서 비롯된 공황을 구제한다면서 1백 5십만 원을 또 차입하여 들였다.
    "*고율의 이자가 가산되어 격증되는 국채로 2천만 민족이 국운의 절박함을 느꼈다.*" 통감부 설치 이후 일제는 한국정부에 강요하여 교육제도의 개선, 금융기관의 확장정리, 도로 항만시설의 개수확충, 일본인 관리 고용 등 각종 명목으로 고이율의 차관을 들여오게 하여 국채가 격증되어 갔다. 이러한 일본의 계

속된 차관공세로 인해 2년여 사이에 한국정부는 원금만 하여도 1천 6백 5십만 원에 달하는 채무를 지게 되었고, 해마다 늘어나는 이자 또한 상당한 금액이었다. 1907년 2월에는 당시 신채로 약 3백 5십만 원의 국채를 정리하여 1천 3백만 원이 남아 있게 되었다. 그러나 이 국채는 당시의 국가 재정으로는 도저히 갚을 수 없는 고액이며 또한 그대로 둘 경우 해마다 고율의 이자가 가산되어 마침내 전국토를 일본에 빼앗기게 되고 2천만 민족은 그들의 노예가 되어 버릴 수도 있는 것이었다. 이러한 국운의 절박함에 드디어 1907년에 이르러 거국적으로 국채보상운동이 전개되기 시작한 것이다.

[운동의 전개] *"국운의 절박함으로 우리 2천만 동포가 담배를 석 달만 끊고 국채를 갚자는 제의가 대구지방의 애국지사들에 의해 시작되었다."* 제일 먼저 국채보상운동을 제창하고 나선 것은 경상도 대구 지방의 애국지사들이었다. 1907년 1월 29일 대구의 광문사에서 그 명칭을 대동광문회라 개칭하기 위한 특별회의를 연 뒤 부사장인 서상돈이 국채보상문제를 제의하였다.

즉 국채 1천 3백만 원을 갚지 못하면 장차 토지라도 주어야 하므로, 우리 2천만 동포가 담배를 석 달만 끊고 그 대금으로 국채를 보상하자면서 자신부터 8백 원을 내겠다고 하였다. 이 자리에 참석한 회원들이 만장일치로 서상돈의 제의에 찬동하였는데. 사장 김광제는 당장 시작하자면서 석달 동안의 담뱃값 60전과 별도로 10원을 내자, 많은 사람들이 이를 따라 의연금으로 당장 2천여 원을 갹출하였다.

"제국신문에 실린 국채보상 취지문을 바탕으로 전국에 들불처럼 번져나갔다." 김광재 서상돈 등은 국채보상 취지문을 작성

하여 전국에 반포하면서 전 국민의 동참을 호소하였다. 서울에서 취지문을 맨 처음 보도한 것은 2월 16일자의 제국신문이었다. 제국신문의 보도는 즉각 서울시민과 국민들에게 큰 충격을 주었으며 국채보상운동이 들불처럼 번져 나가는 계기가 되었다.

대동광문회는 1907년 2월 21일 대구북문밖 북후정에서 국채보상운동 대구군민대회를 개최하였는데, 서상돈 등 수 천명의 유지·신사들과 시인들이 참석하였다. 군민의 호응은 열광적인 것이어서 만장일치로 박수갈채하고 의연금을 내었는데, 젊은이, 노인 등 모든 신사들, 젊거나 나이든 모든 부녀들, 술파는 노파들, 불구의 거지아이들, 푸줏간 정육상들, 책을 낀 어린이들과 제기 차는 아이들까지 모두 강개하고 분노하며 의연금을 내었다고 한다.

서울에서는 국채보상기성회가 설치되어 운동을 전국화, 조직화 했으며 이에 기탁되는 의연금을 보관하고 운동을 추진하기 위한 통합기관이 필요하다는 여론에 따라 동년 4월 8일 대한매일신보사에 국채보상지원금총합소를 설치. 한규설, 양기탁 등 임원을 선출하였다.

이처럼 국민들의 애국운동이 고조될 즈음에 고종황제가 단연에 참가함으로써 이 운동은 범국민운동으로 승화되는 계기가 되었으며 이 운동에는 여성들도 적극 참여하였는데 대구 남일동의 7부인이 결성한 패물폐지 부인회가 전국 여성운동의 효시가 되었다.

[운동의 결과] "*애국계몽운동의 중심적 위상으로 거듭난 최초의 국민운동이 되었다.*" 국채보상운동의 전국적 파급과 성과에 놀란 일제 통감부는 이 운동을 탄압하는 방법으로 대한매일

신보사 총무인 양기탁을 근거도 없이 국채보상의연금 횡령이라는 누명을 씌워 구속했다가 무죄로 석방하였다. 이 사건이 계기가 되어 국채보상운동은 점차 쇠락하였다.

    그러나 국채보상운동은 1907년의 1년간 애국계몽운동의 중심적 위상을 차지하는 매우 중요한 운동이었으며, 우리 역사 5천년 사상 최초의 국민운동이었다. 국채보상금 처리회(회장 유길준)는 각 도 대표자회의를 통해 "의연금으로 장차 교육사업을 하기로 결의"하고 이를 위해 한강변의 좋은 농토를 사들이던 중 1910년 8월 29일 한·일 합방의 국치를 맞았고, 모집한 의연금은 그 후 한국 국민들의 민립대학 설립운동의 재정적 기초가 되었다. ▌

군위군 삼국유사면 화수리 306-2 허석 의사 순국 기적비
2024년 파리 올림픽 이후 유명세

2024년 8월 11일 파리 올림픽이 끝난 이후 온 나라에 그 이름을 널리 알리게 된 독립운동 유적이 있다. '허석 의사 순국 기적비紀 蹟碑'가 바로 그 주인공이다. 1920년 4월 24일 63세에 순국한 허석許碩은 올림픽 유도 은메달리스트 허미미 선수의 현조부로, 1918년 8월경 군위군 의흥면으로 통하는 도로변 눈에 잘 띄는 암벽에 "하늘에는 두 태양이 없고, 백성에게는 두 임금이 없다. 충忠은 곧 생명을 다하는 것이요 마땅히 힘을 다하는 것이다. 어버이를 섬기는 도道와 임금을 섬기는 마음은 우리와 더불어 다를 것이 없는데 어찌하여 임금이 다른가. 너희들은 우리나라 일을 위주로 하는 것이 아닌 즉 나라 잃은 백성이라 어찌 아픈 노릇이 아니겠는가, 너희가 어찌 원수가 아니겠는가. 너희들은 일시에 진멸盡滅코자 하노라!"라는 내용의 격문을 붙여 동포들의 항일의식을 고취하였다.

이 일로 일경에 체포되어 1919년 5월 3일 대구지방법원 의성지청에서 소위 보안법 위반으로 징역 1년형을 선고받아 옥고를 치렀다. 그런데 얼마나 혹독한 고문을 당했던지 만기출옥한

지 사흘 만에 후유증으로 세상을 떠났다. 정부는 고인의 공훈을 기려 1991년 건국훈장 애국장을 추서했다.

하지만 그보다도 더욱 뚜렷하게 허석 독립지사의 업적과 이름을 세상에 드날린 일은 그의 후손인 유도선수 허미미가 해냈다. 허미미는 메달을 들고 묘소를 찾아 참배했다. 그 마음, 그 정신이 조상 허석의 명예를 빛낸 것이니, 아주 훌륭한 교훈을 주는 후손의 올바른 행동이었다고 하겠다.

그런 뜻에서, 경북체육회가 보도자료로 배부한 사진을 이 책에 싣는다. 허미미 선수와 동생 허미오 선수가 함께 허석 현조부 기념비 좌우에 나란히 서 있는 사진이다(앞쪽 사진 참조).

그리고 또 한 가지, 누구나 본받아야 할 지도자의 덕목, 교육자의 전형을 보여준 분이 있다는 사실을 이 책에 실어 영원한 기적紀蹟이 되도록 만들고자 한다. 일본에서 건너온 허미미 선수가 한국 사회에 정착하는 데 도움이 될까 하여 몸소 친족을 찾는 노고를 아끼지 않은 끝에 허미미·미오 자매 선수가 허석 독립유공자의 후손이라는 사실을 밝혀낸 김정훈 유도감독이다. 삼가 감사의 인사를 드리는 바이다. ▮

군위군 군위읍 동서4길 6 군위 성결교회
동방요배, 신사참배, 친일 강연 거부하다 폐쇄당해

군위 성결교회 건물은 1937년에 건립되었다. 본래 한옥을 예배당으로 사용하다가 너무 낡아서 허물고 새로 지었다. 문화유산청 누리집은 "기독교가 지방에 정착하면서 충실하게 지어진 교회당 건축물의 효시로서, 1920년대 토착화된 교회의 모습을 보여준다"는 점에서 군위 성결교회 예배당을 2006년 12월 4일 국가등록문화유산으로 지정했다고 밝히고 있다.

이 교회는 일제가 강요한 동방요배(일본 국왕이 있는 동쪽을 향해 허리를 숙이는 일), 신사(일본 신을 모시는 건물)참배, 일본에 충성하라는 시국 강연 등을 거부하고, 오히려 성직자와 신도들이 '금수강산가', '슬프다 고려 반도' 등 독립운동 노래를 부르며 저항한 끝에 결국 폐쇄당했다.

최헌 목사와 천세광 목사의 대를 이은 진정성에 감동한 군민들의 교회에 대한 충성심이 뜨거워 지금도 8,000여 군위읍민 중 700여 명이 신도로 등록되어 있다. 꼭 가볼 곳이다. 군위읍에서 가장 높은 지점에 위치하고 있으니 그 또한 볼거리이다.

군위군 군위읍 서부리 291 이용문 지사 본적지
상해 홍구공원 당일 아침, 윤 의사에 도시락 폭탄 전달

이용문李龍門 지사는 17세이던 19
19년 11월쯤 대한독립군비단大韓獨立軍
備團 장백현 지단支團에 가입했다. 그
후 1921년 6월쯤 군비단 총단 소속
특별부서인 통신사무국의 서기에 임명
되어 신창동에 설치된 사무국 운영에
힘썼다.

윤봉길, 이용문 지사

그 뒤 상해로 이주한 이용문 지
사는 1932년 4월 27일쯤 김구 주석
의 지시에 따라 홍구공원 의거에 사
용될 도시락 폭탄을 자신의 집 항아

이용문 지사 집터 일원

리에 보관했다가 4월 29일 거사 당일 아침 윤봉길 의사에게 넘
겨주었다. 국가보훈부 공훈록은 이에 대해 "의거를 성공적으로
이끄는 데 숨은 공을 세웠다."라고 기록하고 있다. 정부에서는
고인의 공훈을 기리어 1993년 건국훈장 애족장을 추서했다.

윤봉길 의사의 홍구공원 의거 주요 공로자 이용문 지사 본
적지가 군위읍 서부리 291번지라 한다. 반가운 마음에 바로 달
려간다. 세월 탓인지 291-1만 있다. 지번이 나뉜 모양이다. 흥
분된 마음으로 이리저리, 요모조모 사진을 찍어본다.

군위군 우보면 나호리 942-1 박무조 의사 표충비
"원수의 종이 될 수는 없다" 동해에 투신

박무조朴武祚(이명 박능일朴能一) 지사는 경술국치를 맞은 1910년 51세 고령이었다. 나라를 잃은逸 조선朝鮮의 백성民으로서 왜인의 노예로 살아가야 하는 치욕에 짓눌려 지내던 중 호적령戶籍令이 시행되었다. '일본 국민'으로 등록하라는 강제 명령이었다.

지사는 취적就籍을 거부했다. 호적에 등록을 하지 않는 그를 일제가 가만히 놔둘 리 없었다. 아무 것도 하지 못하도록 탄압하고 감시했다. 지사는 1914년부터 1917년까지 가족을 데리고 안동 예안, 영주 풍기 등지를 전전하다가 마침내 1917년 7월 20일 "원수를 섬기고 사는 것은 바다에 빠져 죽는 것만 못하다. 조선일민朝鮮逸民 박능일"이라는 유서를 남기고 영일군 우목리 앞바다에 투신 자정自靖했다.

'자정自靖'은 자결과 뜻이 같지만, 일반적 자살에는 사용되지 않고 순국에만 한정되어 쓰인다. 국어사전에도 나오지 않는다. 일제 침략에 항거해 스스로 생명을 버린 지사는 경술국치 이전에 10명, 1910년대에 56명 있었다.[33] 자정으로 국민 궐기를 촉구한 준엄한 정신 앞에 고개가 숙여질 따름이다.

---

33) 정만진, 《대한제국 의열 독립운동사》 (국토, 2023) 참조.

군위군 의흥면 읍내5길 6 의흥 장터
1919년 3월 26일 독립만세운동 현장

　짚신을 삼아 생계를 유지해온 조성우趙性佑 지사는 1919년 당시 가난한 70세 노인이었다. 그는 3·1운동이 일어났다는 소식을 듣고 감격을 가눌 수 없었다. 3월 26일 의흥 장날 사람들이 많이 모이면 그들을 독려해 만세운동을 일으켜야겠다고 생각했다. 혼자 우보면 나호동 뒷산에 들어간 그는 만세운동에 사용할 태극기를 제작했다.

　드디어 의흥 장날인 3월 26일이 왔다. 그는 정오에 맞춰 태극기를 군중에게 나눠주면서 독립만세를 힘껏 외쳤다. 수백 명이 호응해 장터는 독립 염원 열기로 뜨거워졌다. 일제 경찰이 출동해 시위 군중을 무차별 진압했고, 주동자인 조 지사는 4월 5일 대구지방법원 의성지청에서 소위 보안법 위반으로 징역 4월을 언도받아 옥고를 치렀다.

의흥 장터의 벽화

　나호리를 본적지로 둔 군위 출신 독립지사가 여러 분 계신다. 조성우 지사가 나호리 234인데, 종교계통 독립지사 박승조 지사와 박필조 지사가 각각 나호리 905와 909이다. 앞에 소개한 박무조 자정 순국 지사도 나호리이다. 팔공산 동화사 학승으로서 1919년 3월 30일 대구 덕산정시장 시위를 이끌었던 김종만 지사는 나호리에서 1km 떨어진 이화리 출신이다. 나호리 일대는 맑고 굳은 민족정기의 산실인 모양이다.

김하락 의병군 주둔지(의흥면 사무소)

김하락 의병장

1896년 7월 14일 구한말 의병장 김하락金河洛이 50세로 순국했다. 경북 의성에서 태어나 서울에서 공부한 그는 1895년 10월 8일 명성황후가 일제에 의해 살해당하는 을미사변이 발발하고 단발령이 떨어지자 의병을 일으켰다. 경기도 일원에서 활동하던 김하락 의병군은 경상도로 활동 무대를 옮겼고, 마지막 영덕 전투에서 총상을 입고 회복할 수 없는 지경이 되자 그는,

"우리 오백 년 예의의 나라가
개나 양 같은 섬나라 오랑캐에게 먹힌단 말인가
아! 우리 민족은 과연 이 참화를 면치 못할 것인가
차라리 어복魚腹에 장사지낼지라도
도적놈들에게 욕을 당할 수는 없다."

라는 유언을 남기고 강에 뛰어들어 스스로 목숨을 버렸다. 의흥면 행정복지센터(의흥면 읍내리 39, 옛 의흥읍 관아)는 의성 금성산 수정사에 주둔하던 김하락 의병군이 1896년 5월 9일 무기를 조달하기 위해 주둔했던 독립운동 유적지이다.

군위군 효령면 중구2리 425 이현섭 지사 집터
치욕의 경술국치, 독약 마시고 자결로 항의

이현섭李鉉燮 지사는 1910년 11월 26일 세상을 등졌다. '등졌다'라는 표현은 그가 스스로 목숨을 끊었다는 사실을 적시하기 위한 어휘 선택이다. 1910년 당시 그는  46세였고, 그 해는 국권을 일본에 빼앗긴 경술국치의 연도였다.

21세이던 1885년 성균생원成均生員이 되어 관직에 진출했던 그는 1895년 10월 8일 을미사변(일제가 명성황후를 시해한 만행)이 일어나자 통분하여 관직을 버리고 안동군에 은거했다(그의 집은 현 경북 도청 자리에 있었는데, 도청을 신축하면서 철거되었다). 그러던 중 경술국치가 일어났다.

이현섭은 숨을 쉬고 어렵고 음식을 삼키지 못하는 충격에 빠졌다. 자정 순국을 결심한 그는 "憶昔無言甲午夏 갑오년 여름을 말 못하고 떠올리니/ 乾淸宮外簇蠻騎 건청궁 밖에 오랑캐 군마가 조릿대처럼 떼 지어 섰네/ 九天號痛心無快 구천에 호곡해도 마음이 개운치 않으니/ 十載腐腸孰有知 십년 썩은 내장을 누가 알 수 있겠는가?"라는 시를 읊은 뒤 단식에 들어갔다.

현재 이현섭 지사의 옛집은 본 모습을 모두 잃고 전혀 다른 새로운 집이 들어서 있다. 그러나 지사의 정신만은 영원히 맑고 곧은 자태를 지닌 채 구천을 지키고 있으리라. ▮

군위군 효령면 화계리 253 유쾌동 지사 본적지
찾을 길 없는 본적지, 찾을 길 없는 유해

유쾌동柳快東 지사는 1900년 2월 21일 출생하여 1950년 7월 30일 세상을 떠났다. 1950년 7월 30일이면 북한군이 경남 진주와 경북 안동·영덕 점령을 눈앞에 두고 있던 시점으로, 8월 3일 미군이 낙동강 왜관 철교를 폭파하기 직전이었다. 그렇다면 유 지사는 군인 또는 민간인으로서 전쟁 중에 목숨을 잃은 것일까?

국가보훈부 공훈록은 유쾌동 지사의 본적을 군위군 효령면 화계리 253번지로 기록하고 있다. 그러나 현지에 가본 어느 누구도 그 주소를 확인하지 못했다. 뿐만 아니라 묘소도 없다. 시신이 어디에 있는지 애당초 확인한 사람이 없었기 때문이다.

유쾌동 지사는 주로 대구에서 활동했다. 1929년 3월 13일 신간회[34] 대구지회 제3회 정기대회에서 간사에 선임되고, 8월

---

34) 1926년 6월 10일 순종 인산일因山日을 계기로 6·10만세운동이 일어났다. 이에 자극받은 국내 민족주의 진영과 사회공산주의 진영 사이에 민족유일당운동을 펼치기로 합의가 되었다. 1927년 2월부터 1931년 5월까지 존속한 신간회는 서울에 본부를 두고 전국적으로 120~150여 개의 지회를 가지고 있었는데, 2~4만 명의 회원을 가진 운동단체로서 일제강점기의 가장 큰 합법적 결사체로 항상 일제의 주목을 받았다. (62쪽)

에는 신간회 대구지회 집행위원회에서 선전부장으로 선임되었다. 1930년 8월 28일, 유쾌동은 서항수徐桓洙와 함께 독립 사상을 고취하는 내용의 격문을 작성해서 배포하였다. 8월 29일에도 경술국치를 잊지 말고 독립투쟁을 전개하자는 취지의 "이천만 동포들이여! 경술년의 오늘을 잊지 말고 끓어오르는 피의 기세를 떨쳐라. 잊지 말라. 해방하지 않으면 안 된다!"라는 격문을 작성했고, 서항수는 이를 거리 곳곳에 붙였다.

이 사건으로 유쾌동은 체포되어 1930년 9월 30일 대구지방법원에서 소위 보안법 위반으로 징역 8월을 받아 대구형무소에서 옥고를 치른 후 1931년 5월 30일 출옥하였다. 그 후 만주로 건너가 항일운동을 계속하던 중 독립을 맞아 귀국한 유쾌동 지사는 1945년 이후 어떻게 살았을까?

> 두산백과 〈보도연맹保導聯盟〉: 1949년 좌익 운동을 하다 전향한 사람들로 조직한 반공단체로, 정식명칭은 '국민보도연맹'이다. 1948년 12월 시행된 〈국가보안법〉에 따라 좌익사상에 물든 사람들을 전향시켜 보호하고 인도한다는 취지로 결성되었는데, 일제강점기 사상탄압에 앞장섰던 '시국대응전선사상보국연맹' 체제를 그대로 모방하였다.
>
> 대한민국 정부 절대 지지, 북한정권 절대 반대, 인류의 자유와 민족성을 무시하는 공산주의 사상 배격·분쇄, 남·북로당의 파괴정책 폭로·분쇄, 민족진영 각 정당·사회단체와 협력해 총력을 결집한다는 내용을 주요 강령으로 삼았다.
>
> 1949년 말에는 가입자 수가 30만 명에 달했고, 서울에만도 거의 2만 명에 이르렀다. 주로 사상적 낙인이 찍힌 사

람들을 대상으로 하였고, 거의 강제적이었으며, 지역별 할당제가 있어 사상범이 아닌 경우에도 등록되는 경우가 많았다.

6·25전쟁이 일어나자 정부와 경찰은 초기 후퇴 과정에서 이들에 대한 무차별 검속檢束과 즉결처분을 단행함으로써 6·25전쟁 중 최초의 집단 민간인 학살을 일으켰다. 그러나 전쟁 와중에 조직은 없어졌지만, 지금까지도 정확한 해명 작업이 이루어지지 않고 있다.

네이버에서 '유쾌동'으로 검색하면 2014년 10월 10일 영남일보 박진관 기자의 "가창골서 희생된 사회주의 독립운동가 유쾌동 선생의 아들 유병화씨"라는, 우리나라의 비인간적 현대사를 증언하는 기사가 떠오른다. 보도연맹 사건의 참담하고 생생한 예화 한 가지를 눈물겹게 읽을 수 있다. ■

유쾌동 지사의 본적지 군위군 효령면 화계리 253번지는 확인되지 않는다. 사진은 화계리 앞 도로변과 들판 풍경이다.

대구 달성군 가창골로 대변되는 보도연맹 사건을 단편소설
[**불편한 진실**]로 해설해 드립니다. 한국문인협회 기관지
월간 "월간문학" 2024년 1월호에 발표된 작품입니다.

"길에서 보이지 않는 외딴 구석에 숨겨져 있군요!"
"그렇습니다. 산비탈과 하천 사이로 난 방둑을 따라 끝까지 들어가야 나옵니다."
"더 이상 사람이 접근할 수 없는 막다른 종착지예요. 그나마 시퍼런 창고 건물로 가려 놓아서 코앞까지 다가가야 겨우 그 존재가 확인됩니다."
"탑을 왜 이렇게 으슥한 땅에 찾기 어렵도록 세워 놓았을까요? 무슨 탑인지 사전에 알고 답사를 왔는데도 '어째서 하필이면 이곳에?' 하는 궁금증이 뭉게구름처럼 일어납니다."
"누가, 무엇 때문에 이 모양을 궁리했는지, 어지간히 깊게 생각해보지 않고는 아무도 그 까닭을 헤아릴 수 없을 것입니다."

- 몇 놈이나 잡아넣었나?
= (1946년) 10월 1일부터 어제(12월 31일)까지 대구를 중심으로 경북 일원에서 약 7,500명 정도 체포했습니다.
- 아무리 빨갱이 새끼들이라도 말은 되는 주장을 해야지!

뭐어? '친일파를 척결하고 정권을 인민위원회에 넘겨라'? 그것들은 시대착오가 아니라 자다가 남의 집 봉창을 두드리는 폭도들이야! 일제 때나 있었던 친일파를 미군정 중에 어떻게 척결하나? 굳이 말하려면 친미파라 해야지, 안 그래?

= 옳으신 말씀이십니다.

− 일제시대에 경찰 고위직을 역임했다고 나를 친일파라 부르는 것은 온당하지 않아! 우리나라 독립운동사 공부를 안 한 무식의 소치지. 나 같은 사람은 자치파야. 당장 일제를 몰아낼 힘이 없으니 체제 내에서 계획적이고 체계적으로 실력을 길러서 마침내 독립을 쟁취하자는 노선이었지. 비현실적 무장투쟁밖에 모르는 과격파들이 우리를 친일파로 몰았던 게야.

= 잘 알고 있습니다. 저 같은 일진회 회원들도 그런 정신이었습니다. 일본이 1910년에 7,900명이던 헌병과 경찰을 1911년 14,000명으로 약 2배 늘였지만 우리 일진회 회원들이 기꺼이 헌병 보좌원을 자원하지 않았으면 치안 유지가 어려웠을 것입니다.

− 그렇지! 항상 치안은 중시되어야 해! 민생을 지켜내는 가장 기초 단계가 치안 유지니까 말이야! 민주사회의 치안을 위협하는 빨갱이들을 끝까지 발본색원해서 씨를 말려야 하는 이유도 거기에 있지! 팔공산 등으로 들어간 자들에 대해서는 어떻게 하고 있나?

= 군에서 줄기차게 토벌 작전을 펼치고 있는 중입니다. 우리 경찰도 의심되는 자들을 수시로 총살하고 있습니다. 입산했

거나, 입산을 하지 않아도 남로당 가입 경력이 드러나는 자는 가족들까지 죽이고 있습니다. 폭동과 무관하더라도 평상시 미군정과 우리 경찰에 비판적 언행을 일삼아 온 자들은 10월 1일 이래 상당수 처단했습니다. 지금도 계속 그러고 있습니다.

　- 잘하고 있어! 나라와 민족을 구하는 일이야! 김일성이 호시탐탐 적화통일을 노리고 있는 정세 아닌가? 언제 전쟁이 일어날지 모르는 상황이다, 그 말이지. 전쟁 나면 북에 협력할 빨갱이들을 고이 살려둘 수는 없지 않나, 안 그래?

　= 천당만당 지당하신 말씀이십니다!

　- 전쟁이 터졌어, 전쟁이! 김일성이가 기어이 도발을 했어!

　= 그렇습니다. 방귀가 잦으면 똥을 싼다고 했습니다. 김일성은 3·8선에서 벌써 여러 번 총격을 가해 남침 야욕을 노골적으로 드러냈었습니다.

　- 전쟁 터진 날(1950년 6월 25일) 치안국장님께서 보내신 공문, 내용 기억하지?

　= 물론입죠. 밥 먹을 시간을 없애서라도 중요 문건은 완벽하게 숙지해야 합니다. 지금 돌이켜 봐도, 너무나 현명하신 지시사항을 신속히 하달하셨다고 거듭거듭 찬사를 올리고 싶습니다.

　- 김일성이 남침을 개시한 그날 치안국장님께서는 보도연맹원 등 평소 요시찰 인물로 분류해서 감시해오던 자들을 전원 구속하라고 지시하셨지!

＝ 그렇습니다. 정부는 작년(1949년) 4월부터 좌익 활동 경력자들을 보호하고 선도하기 위해 시도 단위로 보도연맹을 조직했습니다. 지역별로 연맹원 숫자를 할당했기 때문에 쌀 한 바가지를 미끼로 삼아 일반 농민과 빈민들도 많이 가입을 시켰었지요. 그 결과 연맹원이 전국적으로 30만 명이 넘었습니다. 그런데 (1950년 8월 18일) 지금은 나주를 거쳐 부산까지 갔던 이승만 대통령 각하께서 일본에 망명정부 수립을 요청한 뒤 이곳 대구에 머무르시던 중, 다부동 전투 판세가 심상찮고 폭탄이 대구 시내에 떨어지자 부랴부랴 다시 부산으로 몽진하셨습니다. 결코 보도연맹원들을 가둬놓은 채 밥만 축낼 상황이 아닙니다.

　－ 그래서 (6월 28일) 서울을 빼앗긴 이래 보도연맹원들을 계속 처형해 왔지. 괴뢰군이 점령 지역마다 남쪽 빨갱이들을 감옥에서 모조리 풀어줄 건 불 보듯 뻔하고, 그러면 빨갱이들은 총을 받아들고 우리 국군을 공격할 것이고! 그러니 처형해야지!

　＝ 천당만당 지당하십니다. 가창골, 앞산 빨래터, 송현동, 본리동, 경산 코발트 광산, 칠곡 신동재, 수성못 야산 등등 곳곳에서 빨갱이들을 총살해 집단 매립 중입니다. 구덩이를 파서 한꺼번에 끌어 묻어버리면 되니 아주 간단합니다. 경찰만이 아니라 CIC(육군 특무부대)와 헌병대도 열심입니다.

　－ 그래야지! 나라와 민족을 지키는 일에 앞장서는 건 공직자로서 당연한 복무 자세 아니겠나! (대구)형무소에 갇혀 있는 대구10월폭동 빨갱이, 제주4·3 빨갱이, 여순 빨갱이들, 그 외 기타 죄수들은 어떻게 하고 있나?

= 예. 7월 7일부터 9일까지, 그리고 7월 27일부터 31일까지 두 차례에 걸쳐 재소자 1,438명을 헌병대에 인계해 처형시켰습니다. 그래도 재소자가 3천 명가량 남아 있습니다.

- 그것들도 빨리 처리해. 다부동을 빼앗기면 바로 대구가 넘어가고, 그렇게 되는 순간 그것들은 모두 본색을 드러내 우리한테 총질을 할 빨갱이들이야!

= 옛, 알겠습니다. 여부가 있겠습니까!

"미군정 보고서에 따르면, 해방 직후 경사급 이상 경찰 간부 969명 중 83%인 806명이 친일 경력 소유자였다고 합니다."

"1946년 10월 1일 대구에서 대규모 유혈 사태가 빚어졌을 때 미군정 경무국 수사국장 최능진은 '친일 경찰과 부패 경찰의 쌀 강제 공출이 사건 발단의 원인 중 하나'라고 지목하면서 그들을 경찰에서 내쫓아야 한다고 주장하다가 오히려 해임을 당했지요."

"오늘 답사지가 이곳 '10월항쟁 등 한국전쟁 전후 민간인 희생자 위령탑', 용천사, 봉기리 3층석탑 그렇게 세 곳입니다. 그래서 한국학중앙연구원 『한국민족문화대백과사전』 「대구십일사건」을 복사해 왔습니다. '항쟁에 참여한 시민과 농민들의 요구는 다양하였다. 도시에서는 식량배급 실시 요구가 가장 많았으며, 농촌에서는 식량공출 반대, 소작료 3·7제 실시 요구가 가장 많이 제기되었다. 일부 농촌지역에서는 토지 무상 몰수와 무상 분배를 요구하였다. 도시와 농촌지역에서 공통적으로 친일파 배격과 처단, 정권을 인민위원회로 이양하라는 요구가 나왔다.' 사실에 부합할 뿐만 아니라 민심과도 일치되는 주장을 펼친 최능진이 해임되었다니, 저는 그 분에 대해 오늘 처음 알게 되었습니다만, 기가 막히는 일입니다."

"최능진은 흥사단 국내 조직인 수양동우회 사건으로 안창호, 조만식 등과 함께 서대문형무소에서 2년간 복역한 독립운동가입니다. 최능진은 경무국 수사국장에서 쫓겨난 뒤에도 일관되게 친일 경찰 배척을 주장하다가 결국 이승만·장택상·조병옥 등과 대척점에 서게 됩니다. 1948년 5월 10일 제헌국회 구성을 위한 총선이 실시되었을 때 최능진은 서울 동대문 갑구에서 이승만과 겨루지요. 민심은 친일 경찰 척결을 주장해온 최능진을 지지했습니다. 그러자 친일 경찰은 투표 하루 전인 5월 9일 최능진의 후보 등록을 무효로 처리해 이승만을 무투표 당선시킵니다. 1948년 10월 1일 이승만은 대한민국 정부를 전복하고 공산 정권을 수립하기 위해 남로당과 함께 혁명의용군을 조직했다는 혐의를 조작해 최능진을 구속한 다음, 1951년 2월 11일 재판도 없이 대구 달성군 가창골에서 총살합니다."

"그 참… 정말 참담한 역사가 서린 위령탑입니다. 그런데 왜 마음먹고 찾아오는 사람 외에는 어느 누구의 눈에도 띄지 않는 구석진 곳에 저렇게 세워 두었을까요?"

"거창 사건 추모공원이 2004년, 제주 4·3평화기념관과 노근리 평화공원이 2008년 재단 출범 또는 희생자 개인 표석 준공 등 본격적으로 추념 사업을 전개합니다. 그 결과 2010년 국민권익위원회가 어떤 형태로든 추념 사업을 펼치라는 권고를 대구시에 전달합니다. 하지만 그 후 10년 동안 대구시는 아무 것도 하지 않습니다. 그렇게 10년을 허송세월한 대구시가 겨우 만들어놓은 것이 바로 이 위령탑입니다. 2020년에 건립되었으니 어느덧 4년이 지났지요. 그런데 대구시는 4년이 경과한 지금까지 위령탑 제막식을 하지 않고 있습니다."

"그 참… 왜 그럴까요? 무엇 때문에 눈에 띄지 않는 곳에, 그것도 10년이나 걸려서 겨우 탑 하나를 세우고, 그리고 제막 행사도 하지 않고…?"

"1946년 10월 1일 인구 20만 대구에서 1만이나 되는 시민들이 '무장 폭도'로 돌변합니다. 그 중 수천 명이 그날부터 전쟁 초기까지 학살되었습니다. 현재 250만 인구로 환산하면 무려 12만5천 명이 무기를 들고 거리에 나섰던 것입니다. 그 중 수만 명이 처형되었고요. 그런데 여기서 우리는, 희생자만 많은 것이 아니라 살인을 저지른 사람도 굉장히 많다는 사실에 주목해야 합니다. 추념 사업을 활발히 펼치다 보면 진상 규명이 본격화되고, 그렇게 되면 살인자들의 신원이 밝혀집니다. 당시 대구에 근무했던 경찰 등의 명단이 남아 있을 텐데, 명단을 펼쳐놓고 살인자를 찾아내는 일을 살인자 쪽 후손들이 좋아할 리 없습니다. 상식적으로 살인자 쪽은 중상류층, 희생자 쪽은 하층민이 많습니다. 대구 정치인들이 추념 사업에 성의를 보일 가능성은 처음부터 없었다는 얘기죠."

"정치권력은 그렇다 하더라도 행정권력, 즉 공무원들은 왜 나서지 않을까요?"

"그들도 마찬가지입니다. 정치인보다 숫자가 훨씬 많기 때문에 자신의 아버지 등이 살인자로 밝혀질 개연성 또한 훨씬 더 높습니다. 게다가 행정권력은 속성상 고위 관료가 되기 위해 정치권력에 줄을 섭니다. 희생자들의 영령을 위로하는 일보다 자신의 승진을 훨씬 중시하지요."

"자신의 직계 선조 중에도 희생자가 있을 수 있지 않습니까?"

"역시 마찬가지입니다. 자신이 희생자 후손으로 밝혀지면 그 날로 빨갱이 집안 출신으로 분류됩니다. 앞길이 막히는 거죠. 아마도, 자신의 선조 중에 희생자가 존재한다는 사실을 이미 알고 있다 하더라도 절대 발설하지 않을 것입니다."

"공무원이 아닌 민간인도 그렇다고 보십니까?"

"그렇다고 봅니다. 희생자 후손으로 밝혀지면 자신에게 불이익만 발생한다고 생각할 것입니다. 희생자 후손이라는 사실을 스스로 밝히며 진상 규명과 책임자 처벌을 요구하는 사람이 아직까지도 별로 나타나지 않는 것이 그 증거입니다. 물론 5·16이 일어나지 않았더라면 대구도 지금처럼 되지는 않았을 것입니다."

"……?"

"(1960년) 4·19 직후 대구 지역을 중심으로 '경북 지구 피학살자 유족회'가 결성되었습니다. 경북 지구 피학살자 유족회는 그 당시 전국적으로 일어난 피학살자 유족회 운동의 선두에 서서 학살 관련자 처단과 사건 진상 규명, 경찰의 유족 감시 해제 등을 요구하며 활동하였습니다. 대구 사람들이 피학살자 유족회 운동을 주도했다는 것은 그만큼 대구에 희생자가 많았다는 사실을 말해줍니다. 이윽고 국회가 '양민학살사건 진상조사 특별위원회'를 구성해 피학살자 신고를 받고 현장조사를 하는 등 사건의 진실을 규명하는 활동에 들어갔습니다. 그러나 이듬해(1961년) 5·16을 일으킨 군사정권이 유족회 간부들을 반국가단체 결성 및 활동 혐의로 구속해 최고 사형 판결을 내립니다. 반국가단체 결성 … 사형 …. 지금은 민주화가 된 듯하지만 언제 또 그런 일이 되풀이될지 모른다 …. 희생자 후손들의 뇌리를 지배하고 있는 이 피해의식을 누가 탓할 수 있겠습니까? 독립 후 친일 청산이 잘 되었더라면, 1960년 이후 4월혁명 정신이 뭉개지지 않고 활발하게 살아났더라면 지금처럼 되지는 않았을 텐데…."

"제주도는 4·3으로 대구보다 더 많은 사람들이 희생되었습니다. 그래도 대구와는 비교도 할 수 없을 만큼 활발한 추념 사업이 전개되고 있습니다."

"제주도는 살인자들이 대체로 외지인들입니다. 제주 도민들은 대부분 희생자 후손들입니다. 거창도 노근리도 마찬가지입니다. 하지만 대구는 살인자도 희생자도 대체로 대구 사람들입니다. 본질이 다릅니다."

"가해자 쪽 후손도 희생자 쪽 후손도, 정치인도 공무원도 진실이 밝혀지는 것을 바라지 않는다 …. 그래서 위령탑 하나 세우는 데 10년이나 걸리고, 그나마 안 보이는 곳에 설치하고, 제막식을 하면 새로운 관심이 생겨날까 싶어서 그것조차 3년이 넘도록 하지 않는다…."

"버스가 용천사에 도착했습니다."
"'10월항쟁 등 한국전쟁 전후 민간인 희생자 위령탑'에서 이곳까지가 대구에서 가장 아름다운 길이라고 합니다. 참으로 역설적이군요."
"그렇습니다. 얼마나 많은 사람들이 억울하게 죽어서 매장되었는지 그 숫자도 알 수 없는 이 계곡이 대구에서 가장 아름다운 길이라니…."
"이 절은 일연스님이 머물렀던 고찰로, 어떠한 가뭄에도 고갈되는 법 없이 물을 '용'솟음쳐 뿜어주는 '샘'이 있는 절이라 하여 용천사라는 이름을 얻었습니다. 하지만 일연 스님도 여기까지 이어지는 가창골이 뒷날 그토록 참혹한 땅이 되리라고는 상상 못했을 것입니다."
"그렇겠지요…. 그래도 이 절에서는 일연스님이 마신 그 샘물을 음용해 보는 것이 최고의 답사 체험이겠습니다."
"그렇습니다. 자, 한 바가지씩 마셔 보십시다."
"아, 시원하고 깨끗한 물맛이 소문대로 일품입니다."
"정말 그렇습니다."
"저는 용천사에 올 때면 시 「용천사에서登湧泉寺」를 남긴 이동진李東珍을 떠올립니다. 이상화의 할아버지입니다. 1836년 태어나 1905년 세상을 떠났는데, 타계 직전 장남 이일우李一雨를 시켜 우현서루友弦書樓를 건립한 일로 이름이 높은 분입니다."

"아, 우현서루! 1900년대 초에 세워진 학교 아닙니까? 독립운동가들을 많이 배출했고, 그래서 일제가 강제 폐쇄했다고 들었습니다."

"그렇습니다. 우리나라 최초의 사립 도서관으로 출발해서 민족교육기관으로 나아갔지요35). 그에 견주면 이장李庄은 별로 알려지지 않았습니다."

"이장……?"

"이장은 이李씨 가문의 땅庄이라는 뜻입니다. 이동진은 세 살 때 아버지를 여의고 삯바느질하는 어머니와 어렵게 살았습니다. 그러다 보니 결혼도 스물넷이나 되어 겨우 합니다. 하지만 상업과 광업 경영에 뛰어난 능력을 발휘해 1254마지기나 되는 논밭을 장만하게 됩니다. 자수성가로 큰 부자가 된 이동진은 1254마지기 중 230마지기를 가난한 일가들에게 나눠주고, 또 480마지기를 요즘 말로 하면 법인 형태로 만들어 거기서 나오는 소출로 가난한 사람들의 혼례, 장례, 구휼, 질병 등을 해결해 줍니다. 그래서 이동진의 땅을 사람들이 이동진 개인의 땅이 아니라 이씨 문중 공동 소유의 땅이라는 의미에서 이장이라 부르게 되었습니다. 이동진이 나눠준 710마지기는 14만 평이 넘는데, 요즘 시세로 환산하면 평당 10만 원으로 치면 140억,

---

35) 조용완, 〈우리나라 근대 도서관 우현서루에 관한 고찰〉, 《한국문헌정보학회지》, 57(1), 183~211. 2023.

100만 원으로 치면 1400억 원이 됩니다. 참으로 놀라운 일이지요."

"아, 정말 대단한 분이군요. 그런데 어째서 향토사에 조금 관심이 있는 저도 처음 들을까요? 그것도 민족시인 이상화의 할아버지라는, 대중에게 알려지기 쉬운 조건까지 갖추고 있는데 말입니다. 대구시와 상류층은 이런 분을 시민들에게 널리 알리기 위해 최선의 지혜를 짜내어야 할 텐데, 과연 어떤 일을 해왔는지 궁금합니다."

"대구에는 이상화도 현진건도 공립으로 세워진 기념 공간이 없습니다. 친일파를 기리는 기념관이 나라 안에 한두 곳이 아니고, 대구에도 문학관이 세워질 수준이 못 되는 인물을 국민 세금으로 번듯한 건물까지 세워 현창하는 사례는 있지만 온 국민이 다 아는 독립유공자 현진건과 이상화를 기리는 공간은 없습니다."

"……!"

"혹 서유교徐有喬라는 분에 대해 들어본 적이 있습니까?"

"글쎄요……."

"서유교는 금호강에 돌다리를 처음 놓은 분입니다. 대구판관으로 근무하던 1850년 무렵, 철종 때인데 사비를 들여서 지금의 팔달교 옆에 다리를 건설했습니다. 부산에서부터 대구와 경남 사람들이 옷을 벗지 않고 금호강을 건너 서울로 가게 된 것은 그 분 덕이었습니다."

"그런 분이 계셨군요. 까마득히 몰랐다니……. 그런 분은 후

대인들이 다 기억해야 합니다."

"몇 해 전 팔달교 옆에 새 다리를 놓았습니다. 그때 다리 이름을 '서유교'로 하자고 제안했었지요. 마침 성함이 '교'로 끝나니 기가 막히는 우연의 일치 아닙니까. 그렇게 하면 일반 시민들이 그 분을 영원히 기억하게 됩니다. 하지만, 나중에 보니 제2팔달교라는 이름을 붙였더군요. 너무나 무미건조한 작명이라 '컬러풀colorful 대구'라는 구호가 민망할 지경일 뿐입니다."

"안타깝습니다. 좋은 일을 한 분들의 이름이 공동체 구성원들에게 영원히 기억되도록 하는 일은 중앙 또는 지방정부가 중점적으로 추진해야 할 과제인데…… 왜 그렇게 하지 않는지 모르겠습니다."

"… 이서李溆는 아십니까?"

"들은 듯합니다만……."

"이서는 정조 때 대구판관으로 재직했던 분입니다. 앞산에서 흘러내린 물길이 삼덕동 쪽으로 유입되면서 대구 중심부에 해마다 홍수를 일으키는 것을 본 이서는 1778년, 역시 서유교처럼 사비로 둑을 쌓아 농사가 망쳐지는 일이 없도록 바꾸었습니다. 그가 세상을 떠난 뒤 농민들이 공덕을 기려 '이공제비李公堤碑'를 세웠는데, 세월이 흘러 땅속에 파묻혔습니다."

"아, 들은 기억이 납니다."

"그 비석이 신천 강변도로 공사 때 발굴되었지요. 그런데 엉뚱하게 강 건너 저 멀리 상동 하천부지에 갖다놓아 시민들로부터 아득히 떨어지도록 만들어버렸습니다. 시내 중심부에 있던 2

·28기념탑을 헐어버리고 역사적 연관성이라고는 전혀 없는 두류동에 다시 세운 것과 마찬가지 일을 한 것입니다."

"이동진은 엄청난 재산을 사회에 기부한 노블레스noblesse 오블리주oblige의 상징 …. 서유교와 이서는 가난한 백성들을 돕기 위해 사비까지 내놓은 공직자의 상징 …. 2·28기념탑은 민주화 운동의 상징 …. 10월항쟁 등 한국전쟁 전후 민간인 희생자 위령탑은 국가 폭력의 상징 …. 대구의 정치인, 공무원, 상류층이애서 외면하고 싶은 진실들인가요?"

"허허, 이제 오늘의 마지막 답사지로 가야겠습니다. 또 버스가 우리를 부르네요."

"예, 가십시다."

"다음 답사지는 봉기리 3층석탑이죠?"

"그렇습니다. 통일신라 때 쌍탑으로 세워졌던 보물인데, 지금은 한 기만 남아 있다고 합니다."

"우리 사회는 왜 감춰지거나 사라진 것이 이리 많을까요?"

"봉기리 3층석탑은 하늘이 본래 모습으로 되돌려 놓았을는지 모르죠. 너무 비관적으로 생각하지 마십시다."

"아, 그랬으면 얼마나 좋겠습니까!"

"… 혹시 낮술을 드십니까?"

"세계 유일의 분단국가에 살면서 시간을 가리겠습니까?"

"오늘 답사를 다니다 보니 현진건의 「술 권하는 사회」가 생각납니다."

"좋습니다. 낮술 한 잔 하시지요. 제가 모시겠습니다."

"아닙니다. 제가 모시겠습니다."
"허허, 술 권하는 사회가 끝난 것 같습니다."
"허허허. 정말 그렇다면 술을 끊겠습니다." ▍

[참고] 대구 달성군 가창면 용계동 '10월항쟁 등 한국전쟁 전후 민간인 희생자 위령탑' 앞 「1946년 대구 10월항쟁」 안내문 : 해방 직후 미군정이 친일 관리를 고용하고 토지개혁을 지연하며 식량 공출을 강압적으로 시행하는 것 등에 불만을 가진 민간인과 일부 좌익 세력이 경찰과 행정당국에 맞서면서 발생한 사건이다. 이 사건은 1946년 9월 하순 노동자들의 총파업이 전국적으로 일어난 뒤, 대구에서 10월 1일에서 2일 사이 주민 봉기의 형태로 발생했다. 1946년 10월 2일 오후 5시경 미군정이 계엄령을 선포하여 대구의 시위가 진압되자 시위 군중들은 경북으로 진출해 각 군의 농민들과 합세했다.

경북의 시위는 10월 1~2일에 달성군부터 시작해 2~3일 칠곡, 고령, 3일 상주, 김천, 4일 영주, 영일 등 19개 군으로 파급되었으며, 10월 8일경 대부분 진압되었으나, 항쟁은 전국으로 번져 12월 중순까지 계속되었다.

당국은 대구와 경북에서 대구10월항쟁 관련자 7,500명을 검거했다. 검거된 사람 중에는 취조 과정에서 가혹행위를 당하거나 석방된 뒤에 보복을 당한 경우도 있었으며, 적법절차 없이 사살된 경우도 있었다. 군경의 탄압을 피해 관련자 중 일부는 입산하였는데, 입산자에 대한 토벌은 한국전쟁 전까지 계속되었다. 경찰은 토벌 과정에서 입산자뿐 아니라 대구10월항쟁 관련자 또는 남로당 가입자와 그 가족들을 살해했으며, 대구10월항쟁과 무관한 지역 유지와 주민 중 일부를 살해하기도 하였다.

이 사건 희생자 중 2010년 진실화해위원회가 신원을 확인한 수는 총 60명이나, 이 결과는 대구·달성, 칠곡, 경주, 영천 지역의 일부만 조사하여 확인한 것으로 실제 희생 규모는 이보다 몇 배 이상 될 것으로 추정된다.

군위군 군위읍 외량리 산10 류시태 지사 묘소
대통령 이승만을 저격하려다 실패한 의열단원

　　군위군 군위읍 외량리 산10번지에 '后菴후암義士의사豐山柳公풍산류공時泰之墓시태지묘'가 있다. 류시태 독립운동가의 유택이다. 하지만 외량리 산10번지 주소를 들고는 류 지사의 묘소를 찾을 수 없다. 산은 전체가 하나의 번지를 이루는 까닭이다. 군위읍 도군로 2450 '구니CC' 정문을 찾은 다음, 정문을 등지고 서면 거대한 '연안이씨 군위 입향조 묘원' 비석이 눈앞을 가로막는다. 그 빗돌 아래로 조성되어 있는 길을 따라 100m가량 들어가 오른쪽 산비탈로 오르면 (이씨 묘원이 아니라 류씨 문중 묘소인) 목적지가 나온다. 아래 사진의 동그라미 부분이다.

의열단원이었던 유시태(1890~1965) 지사는 1923년 독립운동 자금을 모집해 국내 주요 일제 관공서를 폭파하려던 계획에 참여했다가 피체되어 7년 동안 감옥생활을 하고[36] 1931년에는 일제를 비난한 '시국 비방죄'로 1년 더 복역하였다. 두산백과 〈류시태〉를 더 읽어보면 아래와 같다.

"1919년 3·1운동이 일어나자 당진·예산 등지에서 선전 업무를 담당하여 크게 활약하였고, 1921년 의열단에 가입하여 군자금 모금에 힘썼다. 1923년 중국으로부터 무기를 구하여 국내 주요 일본기관을 폭파하려는 계획을 추진 중 일본경찰에게 체포되어 7년간 복역하였고, 1931년 시국을 비방하였다는 죄로 다시 1년간 복역하였다.

8·15광복 후 이승만의 독재에 불만을 품고 (같은 의열단원 출신 당시 국회의원) 김시현 등과 공모, 1952년 6·25기념식장에서 대통령 이승만을 저격하려다가 권총 불발로 실패하였다. 사형을 선고받았다가 후에 무기징역으로 감형되고, 4·19혁명이 일어나자 석방되었다."

류시태 지사가 자유당 독재를 끝내기 위해 당시 대통령 이승만을 저격 사살하려다가 실패하였다는 대목이 특히 눈길을 끈다. 그것이 이유가 되어 류 지사는 독립유공자로 인정을 받지 못하고 있다. 류 지사는 무기징역을 살던 중 8년째인 1960년 4월혁명으로 형집행정지 처분을 받아 출옥할 때 기자들의 질문에 "그때 내 권총이 발사되기만 했더라면 이번에 수많은 학생들이 피를 흘리지 않았을 터인데, 한이라면 그것이 한"이라는

---

[36] 김원봉 구술, 박태원 기록, 《약산과 의열단》에는 5년으로 나온다.

소감을 밝혔다.[37] 류시태 지사의 이승만 암살 기도가 그의 뜻한 바대로 성사되었더라면 우리나라 역사는 어떻게 되었을까? 역사에 가설은 없다고 했지만, 참으로 궁금하다. ▪

지금까지 소개한 일곱 분의 독립지사 외에도 군위가 본적지인 독립유공자는 스물한 분 더 계신다.

대구사범학교 학생독립운동 고인옥高麟玉(1921~2005) 지사,

광복군 제1지대에서 활동한 김영옥金永玉(1924~1958), 김택기金宅基(1924~1978) 지사,

종교를 통해 항일활동을 한 김용규金溶圭(1898~1974) 지사, 박승조朴承祚(1876~1954) 지사, 박필조朴泌祚(1872~1961) 지사, 배효원裵孝源(1891~1948) 지사, 장주환張柱煥(1896~1947) 지사, 홍기환洪琪煥(1893~1939) 지사, 홍연흠洪演欽(1885~1970) 지사, 홍영우洪泳佑(1890~1959) 지사, 홍창흠洪昌欽(1894~1960) 지사,

1919년 3월 30일 대구 보현사 독립만세운동의 김종만金鍾萬(1901~1926) 지사,

의병으로서 군위군 신촌면 일대에서 일본군과 교전 중 중상을 입고 피체되어 고문당하다 순국한 김직현金直玄(1876~1907) 지사,

만주와 서울에서 활동한 박기운朴氣運(1880~1945) 지사,

일본에서 활동한 이학의李鶴儀(1906~1985) 지사,

스승 곽종석이 파리장서사건으로 투옥되자 부계면 독립만세

---

37) 김종훈, 〈이승만 저격한 의열단원 류시태 무덤, 찾았다〉, 오마이뉴스 2021년 10월 20일.

운동을 도모한 60세 고령의 진옥련陳玉鍊(1860~1944) 지사,

일본에서 《인도차이나 민족운동사》를 간행해 배포하면서 항일운동 동지들을 규합한 홍목洪穆(1920~1982) 지사,

김창숙 지사의 밀명을 수행하면서 경북 대구 일원에서 군자금 모금활동도 전개한 홍묵洪默(1892~1934) 지사,

만주 방면과 연결해 독립운동자금 모금활동을 했던 홍종락洪鍾洛(1886~1930) 지사,

1919년 4월 12일 영천 만세운동과 1926년 6월 10일 순종 국장일 혈서 만세운동을 이끌었던 홍종현洪鍾顯(1890~1977) 지사 들이다.

생가(터) 또는 고택은 확인되지 않지만, 대구사범학교와 대구 보현사라는 활동지가 각각 분명한 고인옥 지사와 김종만 지사를 제외하면 다른 분들은 유적지가 확인되지 않는다. 장차 답사할 만한 곳이 밝혀지면 그때 찾아뵐 것을 약속드리면서 이제 군위 지역 독립운동유적을 마친다.

정만진 저서

전국 임진왜란유적 답사여행 총서(전 10권)
− 역사학자 이이화 선생님 추천

대구 독립운동유적 120곳 답사여행 1, 2, 3
− 2019 대구시 선정 '올해의 책' [대구 독립운동유적 100곳 답사여행]의 전면 증보판

소설 광복회
− "1910년대에 가장 활발하게 활동한 독립운동단체는 광복회였다." 제5차 고등학교 국정 [국사] 교과서

소설 의열단
− "1920년대 의열 투쟁에서 가장 괄목할 만한 업적을 낸 단체는 의열단이었다." 국가보훈부 [알기 쉬운 독립운동사]

소설 한인애국단
− "중국의 100만 대군도 하지 못한 일을 조선의 한 청년(윤봉길 의사)이 해냈다!" 장제스蔣介石

장편소설 잣과 꿀, 그리고 오동나무
− 청렴 문관 정붕, 청렴 무관 이순신

남녀평등 장편소설 딸아, 울지 마라

남북통일 장편소설 백령도
대한제국 의열 독립운동사
신암선열공원

현진건 평전 현진건, 100년의 오해
현진건 주인공 장편소설 일장기를 지워라 1, 2
현진건 주요 단편의 21세기 버전 조선의 얼골 한국의 얼굴 1, 2

대구 앞산 역사문화자연유산 답사여행
대구 비슬산 역사문화자연유산 답사여행
대구 팔공산 역사문화자연유산 답사여행(근간)

삼국사기로 떠나는 경주 역사 여행
경주 남산과 낭산, 역사와 답사(근간)

대구 독립운동유적 120곳 답사여행 3
중구, 군위군 편
– 빼앗긴 고향 22호

지은이 정만진

펴낸곳 국토

엮은곳 현진건학교

펴낸날 2024년 9월 2일

연락처 전송 053.526.3144

전자우편 clean053@naver.com

ISBN 979-11-88701-58-2   03910

18,000원